I0567102

DISCLAIMER

The author and publisher are providing this book and its contents on an "as is" basis and make no representations or warranties of any kind with respect to this book or its contents. The author and publisher disclaim all such representations and warranties, including but not limited to warranties of merchantability. In addition, the author and publisher do not represent or warrant that the information accessible via this book is accurate, complete, or current.

Except as specifically stated in this book, neither the author nor publisher, nor any authors, contributors, or other representatives will be liable for damages arising out of or in connection with the use of this book. This is a comprehensive limitation of liability that applies to all damages of any kind, including (without limitation) compensatory; direct, indirect, or consequential damages; loss of data, income, or profit; loss of or damage to property; and claims of third parties.

Copyright © 2022 LINGUAS CLASSICS

BESTACTIVITYBOOKS.COM

All rights reserved. No part of this book may be reproduced or used in any manner without the written permission of the copyright owner except for the use of quotations in a book review.

FIRST EDITION - Published 2022

Extra Graphic Material From: www.freepik.com
Thanks to: Alekksall, Starline, Pch.vector, Rawpixel.com, Vectorpocket, Dgim-studio, Upklyak, Macrovector, Stockgiu, Pikisuperstar & Freepik.com Designers

This Book Comes With Free Bonus Puzzles

Available Here:

BestActivityBooks.com/WSBONUS20

5 TIPS TO START!

1) HOW TO SOLVE

The Puzzles are in a Classic Format:

- Words are hidden without breaks (no spaces, dashes, ...)
- Orientation: Forward & Backward, Up & Down or in Diagonal (can be in both directions)
- Words can overlap or cross each other

2) ACTIVE LEARNING

To encourage learning actively, a space is provided next to each word to write down the translation. The **DICTIONARY** allows you to verify and expand your knowledge. You can look up and write down each translation, find the words in the Puzzle then add them to your vocabulary!

3) TAG YOUR WORDS

Have you tried using a tag system? For example, you could mark the words which have been difficult to find with a cross, the ones you loved with a star, new words with a triangle, rare words with a diamond and so on...

4) ORGANIZE YOUR LEARNING

We also offer a convenient **NOTEBOOK** at the end of this edition. Whether on vacation, travelling or at home, you can easily organize your new knowledge without needing a second notebook!

5) FINISHED?

Go to the bonus section: **MONSTER CHALLENGE** to find a free game offered at the end of this edition!

Want more fun and learning activities? It's **Fast and Simple!**
An entire Game Book Collection just **one click away!**

Find your next challenge at:

BestActivityBooks.com/MyNextWordSearch

Ready, Set... Go!

Did you know there are around 7,000 different languages in the world? Words are precious.

We love languages and have been working hard to make the highest quality books for you. Our ingredients?

A selection of indispensable learning themes, three big slices of fun, then we add a spoonful of difficult words and a pinch of rare ones. We serve them up with care and a maximum of delight so you can solve the best word games and have fun learning!

Your feedback is essential. You can be an active participant in the success of this book by leaving us a review. Tell us what you liked most in this edition!

Here is a short link which will take you to your order page.

BestBooksActivity.com/Review50

Thanks for your help and enjoy the Game!

Linguas Classics Team

1 - Antiques

غ	م	ا	ل	ی	ل	ی	ا	ټ	س	چ	ځ	ک	ړ
ی	ؤ	ه	م	س	ج	م	آ	ب	د	ض	ص	ر	ظ
ر	ټ	ص	ۍ	ړ	ی	پ	ټ	ر	ت	و	ړ	ن	پ
م	ټ	آ	ظ	ذ	ن	ز	خ	ن	ا	ث	آ	س	ا
ع	ک	ت	ښ	ز	ر	ا	ې	ه	خ	ئ	ډ	ز	ن
م	ی	ح	ذ	ږ	خ	ډ	گ	آ	څ	ن	ش	ت	ګ
و	ف	ږ	و	س	ک	ې	ږ	ت	ږ	ؤ	ذ	ی	ه
ل	ی	ټ	غ	ر	ا	ټ	و	ل	و	ن	ک	ی	ا
ي	ت	ک	ئ	ا	چ	م	ا	ا	ف	چ	ښ	ل	چ
و	غ	ت	ګ	ډ	ک	ی	ړ	ح	ژ	څ	ګ	ک	و
ګ	ا	ل	ر	ی	ر	ذ	ن	ښ	س	ز	ض	ښ	ن
ۍ	ذ	ۍ	ل	ق	ه	ي	ی	ر	ث	و	م	ټ	ه
ؤ	ج	ن	ع	ح	ڼ	غ	گ	ژ	ف	ړ	ړ	ر	ب
ن	ر	ف	ک	ت	ډ	ص	ج	ع	ې	د	ي	ې	ی

هنر
لیلام
کره
پیړۍ
سکې
راټولونکی
حالت
لسیزې
آرائشی
ښکلی

فرنیچر
ګالری
پانګه اچونه
زوړ
نرخ
کیفیت
مجسمه
ستایل
غیر معمولي
ارزښت

2 - Food #1

ر	څ	ڈ	پ	ز	د	د	ل	ي	م	و	ئ	ي	ې
م	غ	ب	ا	ز	ا	ی	پ	ی	س	ع	پ	ڼ	ظ
آ	ن	ی	ل	ر	ر	ی	ج	ڼ	ش	ل	ن	ؤ	ن
ي	ی	د	ک	ث	چ	ب	ل	ښ	و	ئ	ټ	څ	ئ
ؤ	ك	ا	ت	ح	ی	ف	ی	ش	ا	ل	ي	د	ږ
چ	ه	ل	ش	ه	ن	ش	ع	س	ګ	ش	ت	ټ	څ
ج	ب	س	ي	ڈ	ی	ګ	ت	ش	ل	ک	ک	ښ	ي
پ	و	س	د	خ	ؤ	ژ	و	آ	م	ر	ر	څ	ط
ذ	ا	س	ې	گ	ژ	ٹ	ت	ر	م	ا	ٹ	ت	ڼ
ر	ی	م	ل	ٹ	ی	ص	ی	ڈ	و	ٹ	ئ	ګ	ٹ
غ	ی	ا	ز	ك	ټ	و	ن	ا	و	ښ	ظ	ی	ؤ
و	ش	ل	چ	چ	گ	ي	ک	ط	ږ	گ	ا	ج	ر
ف	ې	ګ	ئ	څ	څ	چ	م	ب	ه	پ	ذ	ک	ټ
س	و	ه	ی	ډ	ض	ئ	ځ	ښ	ګ	ؤ	څ	چ	ظ

مندته
اوبه
بیسل
گاجر
دارچینی
وورږه
جوس
لیمو
شیدې
پیاز

پنټ
امرت
سلاد
مالګه
سوپ
پالک
ځمکنی توت
شکر
ټونا
شالید

3 - Measurements

ث	ې	ک	خ	ي	س	ا	و	ږ	د	و	ا	ل	ی
گ	ب	ی	گ	چ	ن	ف	ذ	ګ	ډ	خ	س	ړ	ق
ا	ا	ل	ژ	ز	د	ه	ر	و	ژ	ي	ن	خ	ۍ
خ	ی	و	ز	ن	ظ	ش	ض	غ	ز	ښ	و	ح	ض
ك	ټ	ګ	چ	ک	ي	ډ	ځ	ا	ی	پ	ا	ګ	ي
ت	ګ	ر	ی	ل	ا	و	ړ	و	ل	ه	ل	ډ	ی
ز	غ	ا	ن	چ	ر	ی	ځ	ئ	م	ا	ق	پ	ګ
ڼ	ښ	م	ټ	گ	ټ	ل	م	ه	ق	ی	ق	د	ر
ې	ج	ع	ا	خ	ی	پ	ی	ي	س	چ	ږ	چ	ا
ح	ږ	ښ	آ	ټ	م	ت	ټ	ع	ص	ډ	ح	ئ	م
ړ	ب	ث	ر	ب	و	ږ	ر	ؤ	ر	ټ	ن	س	ذ
ړ	ټ	ښ	ئ	خ	ل	ک	ځ	ژ	ځ	ر	ز	ن	گ
ر	ږ	ئ	گ	ټ	ک	ګ	ې	گ	ع	ی	م	ټ	ص
ئ	د	ښ	ښ	ت	گ	ث	ی	ل	ا	و	ن	ل	پ

بایټ
سنټر
لسیز
سند
ژوره
گرام
لوړوالی
انچ
کیلوگرام
کلومیټر

اوږدوالی
لیټر
ډله
میټر
دقیقه
اونس
ټن
حجم
وزن
پلنوالی

4 - Farm #2

ص	ا	م	ا	ل	ړ	ذ	ژ	ف	ذ	ب	ڈ	ب	ګ
غ	ت	چ	ز	څ	ډ	ک	ف	س	ا	ب	ز	ا	ر
ړ	ٻ	ځ	ل	و	ځ	ی	ؤ	د	ب	ز	ګ	ر	څ
ص	ط	ش	ث	س	غ	پ	م	گ	آ	ظ	س	ن	څ
ه	س	پ	غ	ۍ	ض	ی	ذ	م	ن	و	ډ	ی	م
ځ	ی	ڈ	ص	ش	ل	ب	ذ	گ	ا	ن	ز	ا	آ
م	ذ	غ	ي	پ	پ	ڼ	ض	و	و	ڼ	ش	ت	ح
ي	ض	د	غ	ډ	ف	ث	ښ	ر	ب	ړ	ي	آ	ت
ې	ک	ز	ن	ف	ع	ه	ځ	ی	ه	ه	د	ف	ط
ړ	ض	د	م	غ	ړ	ی	ټ	ظ	و	ی	ې	ت	ج
ر	و	ټ	ک	ا	ر	ټ	پ	ب	ی	ل	ص	و	خ
غ	ع	ړ	و	ب	ج	ك	ئ	ی	م	ۍ	ا	ن	ص
ن	ٻ	خ	ت	ا	ن	ا	و	ی	ح	ر	ئ	ش	پ
ټ	ف	ؤ	ك	ن	ر	ګ	ض	ئ	ۍ	م	ی	ی	ک

حیوانات
اوبه
بارن
جوار
هیلی
بزگر
خواړه
میوه
وری
لاما
میډو
شیدې
باغ
پسه
ټراکټور
غنم
بادمیل

5 - Books

ا	ا	د	ب	ي	خ	ی	ر	ا	ت	ل	ص	ټ	ا
ق	ع	آ	ۍ	ف	ش	ق	م	ع	ث	و	غ	ړ	ړ
خ	ک	ا	ړ	و	ن	د	ځ	م	ش	س	ې	ړ	و
ک	ی	ف	ل	گ	ل	ذ	ب	ف	ټ	ت	ر	ج	ن
ف	س	ښ	م	م	ش	ی	ځ	ع	ۍ	و	ا	ع	د
د	ه	ڼ	خ	س	ث	و	ک	ت	ځ	ن	پ	ډ	ه
و	چ	ژ	ت	خ	ئ	ش	ۍ	و	ج	ک	آ	ل	څ
ه	س	ا	ر	ر	ږ	ل	ط	غ	ا	ی	ا	د	ړ
ګ	څ	څ	ع	ه	ک	ک	ښ	م	ش	ل	ع	ګ	ش
و	ض	ج	ښ	ك	و	ی	ط	ج	ټ	و	ل	ګ	ه
ن	آ	ز	خ	ټ	ع	ل	ع	ن	ا	ګ	ژ	ډ	ك
ی	غ	م	ث	ط	م	ص	ډ	ه	پ	ب	ذ	ۍ	ښ
ړ	گ	ډ	خ	ګ	ئ	ز	ڼ	ګ	ک	ن	ا	و	ل
ا	ې	ا	ؤ	ږ	ز	خ	ق	ر	ژ	ف	م	ې	ي

جرت
ليکوال
ټولګه
اړوند
دوه ګونی
اپک
تاريخي
مسخره
مخترع
ادبي

ناول
مخ
شعر
لوستونکی
اړونده
لړۍ
کيسه
غمجنه
ليکل شوی

6 - Meditation

ي	ش	ذ	څ	ږ	ن	ل	ځ	ك	ی	ص	ړ	ڼ	ا
ړ	ي	ف	ا	ح	ر	ت	و	ک	س	ډ	ړ	ی	ف
ٹ	ع	ا	ق	غ	ح	ر	ک	ت	ح	ا	ض	و	ک
ټ	ه	خ	ح	ت	ع	ی	ب	ط	س	و	ل	ه	ا
م	ن	ن	ه	س	ا	ص	ځ	ل	ړ	ل	پ	م	ر
ا	ر	ا	م	ف	ا	ب	ت	و	ض	آ	م	ه	چ
څ	ل	ژ	ك	ن	ك	س	ذ	ه	ن	ي	ن	ر	ٹ
ې	م	ې	ۍ	ت	ذ	ډ	ا	س	ن	ٹ	ل	ب	ح
ی	ا	ق	گ	ی	ګ	ش	ذ	ت	ښ	ئ	س	ا	م
پ	پ	ړ	د	ع	ل	ق	ه	ر	د	ن	س	ن	ز
ذ	ئ	ث	ښ	ښ	ژ	ذ	ن	ت	ړ	ی	ځ	ی	خ
ځ	ٹ	ك	پ	ع	ا	د	ت	و	ن	ه	ل	ی	ظ
ی	ڼ	ق	و	ډ	ک	ږ	ټ	ز	آ	ص	ې	ت	و
ژ	ن	ف	ټ	ښ	ا	ن	ځ	ژ	ك	ئ	گ	ض	ك

منل
پاملرنه
تنفس
ارام
وضاحت
شفقت
احساسات
مننه
عادتونه
بصيرت

مهربانی
ذهني
ذهن
حرکت
سندره
طبيعت
سوله
ليد
سکوت
افکار

7 - Days and Months

د	ل	ت	ټ	ی	ن	د	ل	ډ	ت	س	ګ	ا	ج
و	ک	ر	س	ن	ډ	آ	ی	ک	ی	ټ	ډ	م	ؤ
ش	ل	ت	ښ	ح	ر	س	ې	پ	ټ	چ	ع	ه	ف
ن	ي	ی	ا	ل	و	ج	ن	ؤ	ل	ه	ی	ب	ر
ب	ز	ق	ې	ا	ې	ج	و	ج	ك	پ	ر	ن	م
ه	ب	ص	ر	ک	ش	ي	ا	ك	ج	و	ن	ش	ټ
ې	س	ه	ش	ن	ب	ه	ا	پ	ر	ی	ل	ر	ظ
ن	و	م	ب	ر	ز	ب	ك	ي	چ	ت	ک	ا	س
پ	خ	ه	ښ	ژ	ض	ن	پ	پ	م	ا	ر	چ	پ
ږ	ت	ش	ا	ی	م	ش	ف	ف	ت	ن	ا	ښ	ت
ر	ب	و	ت	ک	ا	ی	ر	و	ن	ج	و	ا	م
ط	ع	ث	خ	ط	ث	ك	ج	ض	ر	ح	ت	ک	ب
ل	آ	ص	ی	ګ	ډ	ظ	ښ	ف	ب	ډ	ا	غ	ر
ځ	ټ	چ	ذ	ن	ط	ر	ش	ژ	س	پ	ع	ډ	ظ

اپریل
اګست
کلیز
فبروري
جمعه
جنوری
جولای
مارچ
دوشنبه
میاشت

نومبر
اکتوبر
شنبه
سپتمبر
اتوار
پنجشنبه
سه شنبه
چارشنبه
اونۍ
کال

8 - Energy

آ	ك	ي	ت	ت	ځ	ب	ۍ	ا	ل	ن	ت	ه	ڼ
ټ	ز	چ	و	ت	ډ	ژ	ر	ج	ل	چ	ب	ا	ڼ
ش	د	ظ	ر	ج	ؤ	ع	ټ	ق	ز	م	ز	ی	ص
و	ب	ن	ب	د	ق	ۍ	ی	ړ	ی	ٹ	ې	د	ک
ط	ز	ف	ی	ی	ي	ڈ	ب	د	ډ	ق	ږ	ر	چ
ث	ب	ي	ن	د	ض	ږ	ۍ	ښ	ې	ل	ٹ	و	ږ
ا	ق	ث	ل	ل	م	ن	ا	ن	ج	ن	ت	ج	ډ
ت	ی	ل	ا	ص	و	ب	ږ	ٹ	ف	ض	پ	ن	گ
ب	ڈ	ک	ی	ن	ټ	ر	د	ه	خ	و	د	و	ت
ا	ډ	ژ	ر	ع	ر	ا	ط	ي	م	و	ټ	ا	خ
د	ب	ا	ی	ت	ړ	ک	ک	پ	ن	ظ	م	و	ې
خ	ی	ص	پ	ب	ر	ی	ښ	ن	ا	ا	ث	څ	ن
ګ	ث	ش	ا	ز	ص	ی	ج	ي	ی	ړ	ت	م	ځ
ڼ	ظ	د	چ	ن	آ	ې	ش	ٹ	ک	څ	ګ	ٹ	ن

بیټري
کاربن
ډیزل
برقی
بریښنا
انجن
نظم
چاپیریال
تیل
پطرول

تودوخه
هایدروجن
صنعت
موټر
اټومي
فوټون
ککړتیا
تجدید
توربین
باد

9 - Chess

ل	ا	م	د	ز	ض	ن	ی	و	ک	ز	ص	خ	ل
و	و	ه	ث	ت	ي	ن	ا	ب	ر	ق	ی	گ	ښ
ص	ف	ب	س	ل	پ	ګ	ص	چ	ظ	ړ	ث	ب	م
ا	ص	و	غ	ت	ث	و	و	خ	ت	م	ک	آ	ک
چ	ج	ل	ج	ا	ڼ	ن	ذ	س	پ	غ	ظ	ې	ک
ا	څ	ط	پ	د	ړ	ې	ن	ی	پ	س	ق	ق	ؤ
پ	ز	ړ	ی	ی	ژ	ی	ت	ا	ر	ت	س	ت	پ
م	ت	ټ	ي	ك	ض	ن	گ	ل	ك	ذ	غ	و	ح
غ	ی	ر	ف	ع	ا	ل	ظ	ۍ	ب	ل	ډ	ر	غ
د	ګ	ا	ل	ع	ل	ك	ګ	ک	ښ	خ	غ	ښ	ض
ښ	ڼ	ی	ا	ډ	ل	ګ	ډ	غ	ق	م	ث	ز	ی
څ	ق	ښ	خ	پ	ظ	ع	ص	ظ	ښ	ټ	ڼ	ښ	و
غ	ا	و	م	ب	غ	ك	ض	ت	ب	ص	ک	ك	ۍ
ټ	ئ	ه	ذ	ړ	ځ	ې	ط	ت	ر	و	ځ	ي	ظ

تور
ننګوني
اتل
هوښیار
مثلث
لوبه
پاچا
مخالف
غیر فعال

لوبغاړی
ټکي
کوین
اصول
قرباني
ستراتیژی
وخت
سیالۍ
سپین

10 - Archeology

م	ش	ځ	م	ی	ن	ا	و	خ	پ	ک	چ	ڈ	ه
ط	ل	ی	س	و	ف	م	ږ	ی	خ	ل	و	ط	ږ
د	ۍ	پ	ب	ش	ن	ځ	ن	س	گ	و	چ	ر	و
ږ	ګ	ر	ځ	ر	پ	د	ک	ش	ګ	ن	ؤ	غ	ک
ژ	ل	و	ث	ی	ٹ	څ	ن	ښ	ځ	ه	ك	ۍ	ي
ؤ	ر	ف	س	ه	ذ	ی	ۍ	ې	ڼ	ګ	ږ	ک	ۍ
ج	پ	ی	ش	ڼ	آ	ړ	ګ	ټ	غ	چ	ښ	ع	ي
ت	ر	س	ئ	ک	و	و	ص	و	ث	گ	ټ	ی	م
ش	ې	و	م	ب	خ	ن	ٹ	ټ	ش	ئ	ع	ن	ټ
غ	ن	ر	ې	ن	ط	ک	ی	ظ	د	ط	ق	و	ؤ
ښ	ئ	ن	ك	ټ	د	ی	ت	م	د	ن	ب	غ	ځ
ړ	څ	ن	ه	ۍ	څ	ر	ح	ف	ب	ړ	ر	ر	ق
ټ	ک	ا	ر	پ	و	ه	ن	و	ز	ر	ا	ل	و
ع	ص	ر	ا	س	ر	ا	ر	ی	ۍ	ق	ظ	ټ	ف

شننه
لرغونی
هډوکي
تمدن
عصر
ارزونه
کارپوه
موندني
هیر شوی
فوسیل

ټوټې
اسرار
پروفیسور
پخوانی
څیړونکی
کنډو
تیم
مندر
قبر
کلونه

11 - Food #2

م	پ	ی	ٹ	م	خ	ك	ذ	چ	ی	ږ	چ	ق	ز
څ	ا	ن	ډ	چ	ڼ	ڼ	ی	ا	ر	ځ	ص	ٹ	ف
س	گ	ه	ی	ې	ض	ې	ز	ک	ک	ښ	ک	ج	ا
ر	ی	ل	ي	ر	ب	ع	ل	ل	ی	س	ل	ر	ي
ا	ب	ي	چ	ی	ر	ی	ٹ	ی	و	ۍ	ت	و	ج
ك	ز	ك	ۍ	ل	م	ڼ	ه	ټ	ی	آ	ۍ	ګ	ه
ه	ن	ر	ی	ټ	و	ک	و	ر	ي	ج	ي	ن	ګ
غ	م	ش	ر	و	م	ف	چ	ن	ا	ج	ن	ا	ب
ڼ	ن	ي	ي	ث	م	ن	ي	ی	ګ	ذ	ډ	س	ف
ښ	ش	م	ا	ه	ګ	ر	چ	م	و	ی	ع	ي	ت
ش	ۍ	و	ئ	ض	ع	ك	ح	گ	پ	چ	ټ	پ	خ
ط	م	ر	ې	ټ	ش	ږ	ز	ض	ی	ث	ز	د	ګ
ق	ك	څ	ز	څ	گ	ز	ذ	خ	ي	ت	س	ګ	ل
ش	ا	ش	آ	ښ	آ	پ	ع	ق	ۍ	ل	ی	ح	پ

بانجان
ماهي
انګور
هام
کیوی
مشروم
وریجي
رومي
غنم
جوت

منه
هنری توک
کیله
ګوپی
سلري
پنیر
چیری
چرګه
چاکلیت
هګی

12 - Chemistry

ه	ت	س	ل	ت	ک	ی	چ	م	ط	گ	ی	ع	ع
ب	ا	ز	ی	ت	ی	س	ز	ا	ګ	خ	ج	ض	ۍ
ن	ز	ی	ی	ط	و	ن	ی	ل	ک	ل	ا	و	آ
ش	ل	ٹ	د	ڈ	ن	ښ	س	ګ	ك	و	ن	ي	م
ا	ف	ح	ۍ	ر	ز	ې	ګ	ه	چ	ک	ښ	ظ	ځ
ګ	ټ	ک	ح	آ	و	ص	ښ	خ	ع	ی	ی	ش	ږ
ځ	ؤ	و	ی	ۍ	ي	ج	ښ	و	ج	ل	ر	ا	ګ
ڈ	ؤ	ك	م	ا	ث	ښ	ن	د	ت	ا	ب	ۍ	ص
څ	ب	ې	پ	ي	ڈ	ی	ش	و	ب	م	ن	ب	ا
ت	گ	ي	ب	ړ	ک	ف	د	ت	څ	ړ	ج	ی	ن
ع	ځ	ن	ې	څ	ا	م	ک	ل	و	ر	ی	ن	ز
ف	ر	ک	ۍ	س	ر	ص	ا	ن	ع	ګ	س	ن	ا
ي	آ	ٹ	ږ	س	ب	غ	څ	ی	ض	ف	ک	څ	ی
د	ی	غ	ټ	ط	ن	آ	ر	ك	ع	ۍ	ا	ړ	م

تيزاب
الكلين
كاربن
كتلست
كلورين
بريښنا
عناصر
انزايم
ګاز
هايدروجن
يون
مايع
فلزات
ماليكول
اټومي
عضوي
اكسيجن
مالګه
تودوخه
وزن

13 - Music

ا	ت	ه	ن	ا	ر	ع	ا	ش	ث	ک	س	ز	س
ډ	ل	ا	ب	ن	ر	ګ	ن	ف	ب	ك	ق	ه	ن
خ	ش	ب	ل	ت	خ	ړ	ي	ډ	ت	پ	د	ل	د
ن	د	ځ	م	خ	س	ی	ځ	ش	و	م	ص	ی	ر
د	ډ	ل	ش	ا	ن	څ	ت	ج	ل	ک	ر	س	غ
ا	ح	ن	خ	ب	ګ	ش	ی	ذ	ک	ا	ع	و	ا
ي	ډ	ک	ږ	ي	ق	ی	س	و	م	ر	ت	ن	ړ
م	ا	ی	ک	ر	و	ف	و	ن	ا	پ	آ	ق	ی
ی	ت	ن	ی	ی	ب	ص	ب	څ	ر	و	ي	ڼ	ڼ
ظ	ټ	و	س	س	ت	ا	ئ	چ	ؤ	ا	ب	ز	ډ
ی	ج	م	ا	ض	ؤ	ه	م	غ	ږ	ي	غ	ح	ن
ډ	ض	ر	ل	ړ	ز	ټ	ئ	ټ	غ	ش	ی	آ	ر
پ	ت	ا	ک	ع	ړ	س	ض	ږ	ض	ښ	ث	ك	چ
ن	و	ه	ث	ک	ت	ي	ج	ځ	ډ	ړ	ڼ	ډ	ل

البم
بالډ
کرس
کلاسیک
انتخابي
هارمونیک
همغږي
وسیله
خندا
مایکروفون
موسیقي
اوپرا
شاعرانه
ثبتول
تال
تالشي
سنګ
سندرغاړی
غږ

14 - Family

ک	ښ	ۍ	م	ڼ	پ	ض	ۍ	ز	پ	ض	ن	ج	ت
س	ځ	ب	ا	ړ	ت	س	ث	ل	چ	ڼ	ذ	ر	م
ب	ه	ړ	ش	ګ	ت	ق	ا	آ	ظ	ذ	ه	ا	ص
ښ	ك	ز	و	ج	ق	ر	م	چ	ب	ا	ک	ل	ب
ٹ	ن	ی	م	د	ن	ه	ر	ا	ر	و	ی	پ	م
ډ	ٹ	م	ا	ی	ژ	ش	ڈ	ع	ڼ	ر	ن	ې	و
ذ	و	و	ن	س	ډ	ح	ی	س	و	ح	ض	ځ	ر
ر	ی	ش	ش	م	ل	ی	چ	ا	چ	ن	ز	خ	و
و	ن	ا	ړ	ل	و	ټ	گ	ح	آ	ی	ث	و	ر
م	د	م	ب	ځ	ر	د	ڈ	ق	ج	ک	ٹ	ر	ت
ط	ی	ز	ۍ	ځ	ی	ن	ر	و	م	و	ا	ی	ن
غ	چ	ب	و	ت	م	و	ش	ا	م	ن	ۍ	پ	ص
ش	ټ	ئ	ذ	ښ	ج	ا	ه	ر	خ	ه	ړ	ط	ذ
ذ	ڼ	غ	س	غ	ط	خ	ق	گ	ج	ڼ	ش	پ	س

نیکونه
چاچی
ورور
ماشوم
ماشومتوب
ماشومان
لور
پلار
نیکه
نیا
لمسی
خاوند
مورنی
مور
وراره
خره
پلارنی
خور
تره
ښځه

15 - Farm #1

ذ	ږ	گ	ت	س	ۍ	ت	ٹ	ب	ځ	خ	خ	ط	خ
ا	ک	ګ	خ	ن	م	ډ	ښ	ی	ت	و	ی	ذ	ن
ږ	ق	ؤ	م	ڈ	ث	ک	ش	ا	ت	س	ې	ر	س
و	آ	ړ	و	ص	ځ	غ	ن	ی	ب	ک	ش	خ	ی
ر	ډ	ص	ن	ا	و	ب	ه	ز	و	ی	ی	ا	ا
ي	ې	ځ	ه	ا	ې	پ	ف	ږ	ې	ب	ګ	ا	ب
ج	ج	ق	ډ	غ	ؤ	ښ	ؤ	ت	ص	ا	ګ	ړ	ڈ
ي	ی	پ	س	و	ل	ې	ک	ب	ل	غ	ئ	ب	غ
ص	خ	ڼ	چ	غ	ټ	ح	ض	ی	ش	د	گ	چ	ټ
ك	س	گ	ر	ك	ش	ف	ړ	ع	ت	ح	ز	پ	م
ش	ن	ظ	ګ	س	ل	ظ	ې	ق	ه	ف	ئ	ز	ی
ک	ر	ن	ه	آ	پ	ث	ی	ت	ځ	ص	ۍ	ړ	ج
ټ	ق	آ	س	ی	ب	ص	ې	ر	ژ	ی	ن	ا	ا
ر	ګ	ډ	ش	ل	م	ل	ن	ۍ	ت	ځ	ي	ځ	ګ

نل
سرې
ډګر
وزه
شته
شات
آس
وریجې
تخمونه
اوبه

کرنه
بی ای
بایسن
خوسکی
پیش
چرگه
غوا
غوغا
سپی
خر

16 - Camping

ض	ظ	ن	ق	ش	ه	ط	ب	ی	ع	ت	ي	ر	غ
ق	ګ	پ	ف	ن	ړ	ي	ج	خ	ا	ښ	ځ	س	ی
ځ	ن	ګ	ل	ح	ې	ع	ص	ص	ې	ک	ؤ	ۍ	ع
ح	ړ	و	ژ	ش	ګ	ح	ق	ف	ن	ن	ښ	ث	ڼ
ک	ک	ن	ګ	ر	ر	ی	غ	ی	غ	ق	خ	ت	ی
ز	ص	ې	آ	ا	ډ	و	ا	ط	ا	ق	ک	ټ	ۍ
م	د	ئ	م	ت	خ	ا	ت	ف	ر	ی	ح	ط	ؤ
ك	ا	ڼ	ض	ئ	ڼ	ن	ذ	ر	ي	ن	ې	ن	خ
ځ	ث	ښ	ن	ع	ث	ا	ټ	ډ	ج	ل	ډ	ۍ	ۍ
ج	ګ	ډ	ک	ی	ل	ت	ؤ	ښ	ګ	ک	ل	ط	م
ی	ب	ی	س	ا	پ	م	ک	ژ	و	ق	م	ړ	ټ
ن	ګ	ب	ڼ	ی	ر	و	ا	خ	ی	م	ه	ا	ډ
س	ډ	د	ړ	آ	ل	ر	ي	ض	ع	ګ	ټ	ړ	ظ
س	پ	و	ږ	م	ۍ	ت	ې	ن	چ	ن	خ	ې	ز

جرت
حيوانات
اطاق
کښتی
کمپاس
اور
ځنګل
تفريح
کټ
لري
ښکار
حشرات
لیک
نقشه
سپوږمی
غر
طبیعت
رسۍ
خیمه
ونې

17 - Algebra

ڈ	چ	غ	م	ژ	و	ص	ښ	ی	ا	ڈ	ک	ك	ڼ
ت	ٹ	ث	ډ	ت	ړ	س	م	ړ	ي	ګ	ق	ل	ئ
ا	ح	آ	ط	ش	غ	ف	ک	ظ	ر	غ	ک	ړ	ځ
و	ظ	پ	ع	م	م	ی	آ	ر	ګ	ل	ې	ښ	څ
ا	ع	ط	ی	څ	ش	ف	ر	ط	ټ	ط	ز	ش	ی
س	خ	چ	ی	ص	ل	خ	ش	ل	ح	ي	ړ	ڼ	ر
م	ق	د	ا	ر	ڼ	ت	ې	ي	س	ط	م	ح	ل
س	ت	و	ن	ز	ه	ټ	ډ	ڼ	غ	خ	خ	ش	و
ف	و	ر	م	و	ل	خ	ټ	ړ	ف	ض	ك	م	ټ
ا	ک	ب	ړ	ل	و	ک	ه	د	ا	س	ښ	ې	ص
ل	ا	م	ح	د	و	د	س	م	ر	ؤ	ه	ې	ف
م	آ	ن	ک	ل	خ	م	ا	ر	ګ	ی	ا	ډ	ر
ا	ك	ظ	ټ	ط	ک	ټ	ڼ	ث	ګ	ښ	د	ر	ڼ
ع	و	ظ	ض	س	ف	ص	ز	پ	ن	ګ	ف	ې	ص

ډايګرام
مساوات
مخکښه
عامل
غلط
فورمول
کسر
ګراف
لامحدود
خطي
میټرکس
نمبر
ستونزه
مقدار
ساده کول
حل
تخفیف
ټول
متغیر
صفر

18 - Numbers

ڼ	پ	ث	م	ي	پ	د	د	غ	آ	ق	ئ	ګ	ډ
ض	ن	ش	پ	ږ	ن	و	ف	ی	ګ	ې	س	ذ	ز
ې	ځ	ز	ی	چ	ځ	ل	ف	ل	ا	س	ږ	د	څ
ظ	ه	ت	ا	آ	ل	س	ي	س	د	ر	ظ	و	ج
ض	ث	ی	ز	ي	س	ل	ل	ق	ر	ې	ل	ه	ږ
څ	ق	ٹ	ع	ټ	ل	ر	ك	و	ې	ك	د	س	ذ
س	ل	ت	ا	ب	و	و	ٹ	ط	ا	ي	ص	ذ	خ
ع	ئ	و	ل	ا	ن	څ	ف	ڼ	ن	ط	ق	ګ	ټ
ی	ٹ	ظ	ر	و	ؤ	ت	ظ	ث	ه	چ	ی	ص	ن
ډ	ذ	چ	د	و	څ	ذ	ټ	ش	ه	ښ	و	م	چ
ش	ل	ل	ر	ه	ث	ې	ع	پ	ف	ق	ظ	ف	ی
ږ	ړ	ټ	ڼ	ث	ص	ځ	پ	ا	ا	ز	ي	ف	ق
ٹ	ن	ږ	ض	ږ	ت	څ	ی	ړ	ث	د	ك	ث	ذ
ڼ	ی	و	څ	ڼ	ث	آ	ل	س	ټ	ن	ك	ر	ط

لسيز
اته
اتلس
پنځلس
پنځه
څلور
څورلس
نهه
نولس
يو
اووه
اولس
شپږ
شپاړس
لس
ديارلس
درې
دولس
شل
دوه

19 - Spices

م	ت	ل	ب	ي	ګ	چ	ي	ؤ	ل	ث	ج	ډ	ب
ذ	س	ر	ا	ع	ښ	ی	ص	ؤ	ا	ر	د	ب	ث
ث	ی	ا	خ	چ	ړ	ع	آ	ف	ی	س	ځ	ژ	ض
ګ	ن	و	ل	ه	ي	ل	ط	ت	و	و	ي	ؤ	ك
خ	ا	ئ	و	ه	ر	ی	ژ	و	ر	ن	ځ	ص	ب
پ	ی	ا	ز	ګ	ض	ح	ټ	ر	ی	ف	ښ	ې	م
ز	ګ	ض	خ	ل	ړ	غ	پ	م	س	ا	د	ر	ک
ي	ی	ژ	پ	ا	ز	ش	ډ	ر	چ	ئ	پ	ا	ی
د	ن	و	خ	م	پ	د	ذ	چ	ی	س	ا	چ	و
ت	ی	چ	ت	ړ	ظ	ج	م	ډ	و	د	پ	و	و
ص	چ	ټ	ع	ظ	ن	ج	ې	ک	ن	ت	ر	ن	ړ
ک	ر	ي	ڼ	ب	ې	ل	ب	ص	ذ	ړ	ی	ی	ه
ن	ا	ر	ف	ع	ز	ز	ر	ع	م	غ	ک	ل	ش
ط	د	ټ	خ	و	ړ	ق	ګ	ص	ا	ي	ا	ص	

انیس
ترخه
لاچي
دارچیني
لونګ
ژیره
کري
سونف
خوند
ووړه

ادرک
لایوریس
مساله
پیاز
پاپریکا
تور مرچ
زعفران
مالګه
خوږ
ونیلا

20 - Universe

ا	ع	ګ	ؤ	ز	س	آ	ې	ف	ث	چ	ف	ق	ف
ي	ڼ	ل	ط	ژ	گ	ب	چ	ت	ع	ښ	ی	ۍ	آ
و	ج	ک	څ	ر	ګ	ن	د	ی	د	ل	پ	س	د
ن	ژ	س	ر	ی	ف	س	ی	م	ی	ه	م	و	ل
ا	س	ي	ا	ف	ق	ف	ا	م	د	ا	ر	ز	ب
س	پ	ف	س	س	ې	آ	آ	ې	ن	ب	ن	د	ل
م	و	ك	ت	و	ن	ص	ی	ي	ی	ث	م	ک	ا
ا	ږ	آ	و	م	د	ت	ع	ن	ړ	آ	ذ	ا	ض
ن	م	ث	ا	ت	ی	ڼ	ی	ی	ك	ض	خ	س	ر
ږ	ۍ	ر	آ	ا	ړ	ړ	څ	ج	ر	آ	و	ک	ع
س	ت	و	ر	پ	و	ه	د	ی	ئ	و	ر	ت	س
ی	ی	ه	ه	ن	و	م	س	و	م	ي	ب	ط	ق
ث	ض	ؤ	م	ي	ه	ن	ه	و	پ	ر	و	ت	س
ط	ع	ځ	غ	ک	ی	م	ز	ا	ک	ګ	ژ	ټ	ڼ

ستروئيد
ستورپوه
ستورپوهنه
اتموسفير
آسماني
کازميک
تياره
ايون
استوا
ګلکسي

هيميسفير
افق
عرض البلد
سپوږمی
مدار
اسمان
قطبي موسمونه
دوربين
څرګنديدل
زدکاسک

21 - Mammals

ي	ب	ښ	ش	ډ	ژ	چ	ن	ډ	ی	ی	غ	ب	س
ډ	ئ	ع	غ	ک	ا	ن	ګ	ا	ر	و	ر	ی	س
ح	ث	ج	ؤ	ر	ب	ئ	ك	خ	ه	س	پ	و	خ
م	و	ا	ل	ؤ	ی	د	ز	س	ژ	ګ	ئ	ر	ټ
آ	ځ	د	د	چ	ر	ګ	پ	پ	ن	ی	ذ	ي	پ
ز	ر	ا	ف	ه	غ	د	و	ی	ن	ك	ق	س	ډ
ش	ج	ر	ځ	ب	ی	ز	و	ر	ی	ش	پ	ژ	چ
ئ	آ	ب	ب	م	ث	ج	غ	ي	ی	ګ	ډ	ی	ی
ص	پ	ی	ط	ظ	ډ	خ	ش	س	ؤ	ل	ښ	و	ش
ج	ا	ز	ځ	غ	ب	آ	ع	ټ	د	ذ	ا	س	ح
ن	ش	ؤ	ډ	ظ	ظ	ج	س	ؤ	ړ	ل	د	ټ	ص
ي	ک	ض	ص	ذ	ن	غ	آ	ټ	ډ	ی	ف	ق	ډ
ف	ا	ک	س	ښ	ي	و	س	ګ	ظ	و	ی	خ	ر
ډ	ک	ا	ي	و	ټ	ل	و	خ	ښ	ه	ل	ر	ټ

بیرغ
بیور
غول
پیش
کایوټ
سپی
دفین
فیل
فاکس
زرافه

ګوریلا
آس
کانګارو
شیر
بیزو
سوی
پسه
وال
لیوه
زیبرا

22 - Fishing

غ	ښ	غ	ڈ	ز	ر	ژ	ر	ک	خ	پ	ض	ډ	ئ
ت	چ	ج	ض	آ	ث	ی	ټ	ص	ض	غ	س	ش	غ
ا	ي	ښ	ی	غ	ئ	ز	ج	ی	ف	ض	و	ی	ر
ر	آ	ګ	ژ	ۍ	م	و	س	ې	ك	ی	ڼ	ز	د
ؤ	م	ۍ	ډ	ړ	ظ	ک	ك	ظ	ث	ف	ذ	ل	ن
ؤ	م	ژ	ک	ې	ظ	ي	ګ	ت	ئ	چ	آ	ض	م
ی	آ	ګ	د	ب	چ	آ	ع	ې	ش	ق	ژ	م	س
ر	ذ	ا	ظ	ی	چ	پ	ټ	گ	ل	ت	ض	د	ډ
ج	ي	ص	ن	ت	ر	ګ	ک	ی	ل	ض	ډ	ئ	ف
پ	خ	ل	ی	ن	آ	ز	ه	د	ګ	ی	ل	و	ی
ز	غ	م	ډ	څ	ګ	م	ب	ن	ث	گ	ؤ	ز	ګ
م	ب	ا	ل	غ	ه	ي	و	ي	ٹ	ټ	خ	ر	ب
ج	خ	ی	ک	ډ	ل	ح	ا	س	ض	ق	ۍ	ې	ف
ض	ډ	پ	ر	ط	ؤ	ڈ	پ	س	م	ژ	آ	ج	ی

بيت
پچی
ساحل
بېړۍ
پخلی
مبالغه
وزرې
ګيل
هک

اننګي
لیک
سمندر
زغم
سیند
موسم
اوبه
وزن
تار

23 - Restaurant #1

ص	ش	ك	ې	څ	غ	ز	ط	ښ	ڈ	س	ږ	پ	ص
ظ	خ	ټ	ط	ڼ	ض	و	ځ	ن	ظ	غ	م	خ	چ
ی	ئ	ګ	ث	چ	گ	ږ	ښ	ط	ڼ	ژ	ړ	ل	ا
ه	ب	م	ص	ض	ړ	ز	پ	ه	س	ا	ک	ن	ق
ن	و	ش	ا	ب	ه	غ	س	خ	ب	ذ	ګ	ځ	و
ت	ړ	د	څ	ښ	ظ	ذ	چ	ي	و	ه	ې	ی	و
ا	ی	ن	ی	پ	ک	ن	س	ا	س	ړ	څ	ك	ی
س	ق	ع	ځ	ډ	ؤ	م	ج	ك	ح	ا	ل	و	ټ
د	ی	ژ	ن	ل	د	ت	ڼ	ز	ر	و	ڼ	د	ر
چ	ج	م	ی	ن	و	گ	گ	ح	ك	خ	د	ۍ	ی
ڈ	ر	ژ	د	ډ	و	ډ	ۍ	ګ	د	ث	ډ	و	س
ز	ل	ګ	ڼ	ؤ	ز	ټ	ض	ث	ک	ا	ف	ي	خ
څ	ا	ی	ه	س	پ	ی	ک	پ	ل	ی	ټ	ي	چ
ك	ي	ع	گ	ؤ	ث	پ	ړ	ئ	پ	ټ	ژ	خ	ښ

الرجی
کاسه
ډوډۍ
چرګه
کافي
نوشابه
خواږه
پخلنځۍ
چاقو

غوښه
مینو
نیپکن
پلیټ
ساتنه
ساس
سپیک
خوړل
ویټریس

24 - Bees

ؤ	ب	ط	ذ	ګ	ش	ږ	گ	ګ	ز	ه	ظ	د	ا
ط	ا	ځ	ل	ګ	ټ	و	ر	ف	ح	ی	غ	ح	ی
ق	غ	و	ض	ض	ځ	د	ص	ډ	ر	و	ی	ش	ک
ګ	ن	ر	م	ل	ی	ض	ت	ل	ص	ت	ښ	ر	و
ه	ک	و	ی	ن	ټ	څ	ن	ض	ح	ز	ګ	و	س
ا	ل	ن	ا	ټ	و	ص	و	ز	ش	ډ	د	ډ	ی
ن	ې	ټ	ی	ګ	و	ل	ع	ئ	ر	گ	ظ	ل	س
ب	ر	ی	م	و	م	ٹ	ظ	غ	ا	ذ	د	ه	ت
ا	ی	ږ	ه	ن	و	ر	ز	و	ت	ی	ڼ	ا	م
ت	ډ	ښ	ي	م	ګ	ص	ش	ح	آ	ر	ش	ج	ي
ا	د	ذ	ز	ذ	ر	ژ	ښ	ف	ن	ږ	ي	چ	ټ
ت	ع	ډ	ق	ص	د	ښ	ك	ړ	و	ئ	ا	ك	ی
ذ	ج	م	ی	و	ه	ت	ط	ډ	ز	ډ	ؤ	ر	ٹ
ڈ	د	ق	ٹ	ط	س	ك	آ	ۍ	ه	ړ	ا	و	خ

ګتور
تنوع
ایکوسیستم
ګلونه
خواړه
میوه
باغ
هیو
شات
حشرات

نباتات
ګرده
ګردیناتر
کوین
لوګی
لمر
دحشرو ډله
موم
وزرونه

25 - Weather

ت	ض	ض	ت	ط	و	ب	ا	ق	ط	ب	ي	د	و
و	آ	ذ	و	و	چ	ګ	ګ	س	ې	ا	ؤ	و	ش
د	غ	ک	ر	ف	ک	ن	ي	ح	م	ږ	ٹ	چ	آ
و	ڈ	ن	ن	ا	ا	ؤ	ژ	ړ	ا	ا	ګ	ټ	ک
خ	ک	ا	ا	ن	ل	د	ا	ب	ر	د	ن	ت	س
ه	م	پ	ړ	و	ي	ي	آ	چ	ا	ث	ش	آ	ی
ړ	ا	و	و	م	ګ	خ	ش	ش	ڈ	ف	ک	ئ	ل
ل	ظ	ت	ن	ظ	ټ	ب	خ	ذ	د	ګ	غ	ئ	ا
ځ	ز	آ	م	س	ئ	ا	ع	ز	ګ	ی	د	ړ	ب
ی	ب	ط	ث	و	و	د	ڼ	ی	ږ	ظ	آ	ع	س
ؤ	ڈ	ش	ل	ب	س	ن	ك	ۍ	ر	ٹ	آ	ظ	ث
ڈ	ذ	ج	ې	ن	ئ	ف	ذ	س	ا	ڼ	ټ	ږ	ښ
ه	و	ا	ا	ی	ز	د	ی	ف	خ	ر	ڼ	ا	څ
ا	ب	ړ	ې	ر	ح	ڼ	ړ	ر	ک	ۍ	ر	ذ	ج

اتموسفير	مونسون
ارام	قطبي
هوا	رينبو
بادل	اسمان
وچکالي	طوفان
وچ	تودوخه
سيلاب	تندر
لړه	تورنادو
يخ	توپان
رڼا	باد

26 - Adventure

ق	ف	س	ۍ	ز	غ	ت	خ	ۍ	ق	ط	ؤ	ی	ح
ئ	ر	ف	ژ	ړ	ې	ی	ع	ژ	ې	ب	ف	ع	ی
ع	ص	ر	ذ	و	ن	ذ	ط	ؤ	ټ	ی	ړ	ط	ر
غ	ت	و	ښ	ر	و	ک	ی	ق	ث	ع	ک	ن	ا
م	غ	ن	م	ت	ګ	ب	ص	ک	ن	ت	ټ	م	ن
ب	ن	ه	ۍ	ی	ن	ی	و	ی	ګ	ی	ټ	ك	و
ن	ط	ز	ن	ا	ن	و	ی	ت	ن	ض	ډ	ټ	و
ټ	ش	ګ	ل	ل	ډ	ط	غ	ذ	ی	پ	س	پ	ن
م	ش	ک	ل	ک	ې	ح	ړ	ډ	ړ	د	ۍ	ځ	ک
خ	ث	ئ	ذ	ښ	ف	ع	ا	ل	ی	ت	ن	ړ	ی
ز	ص	س	ن	ا	چ	خ	ط	ر	ن	ا	ک	و	ث
غ	ډ	ې	ف	چ	م	ت	و	ا	ل	ی	ف	خ	
ت	ک	ب	ش	ر	غ	ی	ر	م	ع	م	و	ل	ي
ا	ج	آ	ع	ښ	ق	ل	غ	ئ	ګ	ۍ	ټ	ت	ۍ

فعالیت
ښکلا
زړورتیا
ننګوني
چانس
خطرناک
منزل
مشکل
سفر

طبیعت
نیویګۍ
نوی
فرصت
چمتووالی
خوندیتوب
حیرانوونکی
سفرونه
غیر معمولي

27 - Circus

ق	ط	ج	ڼ	پ	آ	ی	د	ل	ې	چ	ۍ	ج	ګ
ڼ	ش	ا	ټ	ړ	ۍ	ل	ټ	ق	چ	ډ	ې	ګ	ښ
و	ز	د	ج	ا	ي	پ	ښ	ک	ع	ۍ	آ	ل	ح
ك	ک	و	ث	ن	ډ	ف	ې	م	ک	ی	ذ	ر	چ
ږ	ږ	ګ	ژ	ګ	ڼ	ف	ل	ي	ډ	ګ	ق	پ	ض
غ	ګ	ر	ح	ی	ر	ف	ت	ډ	ی	ع	خ	ج	چ
ع	ۍ	ږ	ژ	ی	و	ک	ا	ۍ	د	ل	ظ	پ	د
ك	ه	ص	ش	س	ڼ	خ	ن	ټ	ض	ض	ر	ژ	ړ
ټ	ک	ی	ټ	ا	ک	ر	ا	ب	ت	ی	ځ	ج	ص
و	و	ځ	ح	ب	ی	ز	و	ك	ډ	ا	پ	ز	ج
ن	د	ب	ڼ	ل	ی	ف	ی	ګ	ؤ	آ	ې	ا	ظ
چ	ګ	څ	ی	چ	ږ	ی	ح	څ	و	م	د	ۍ	ص
ض	ق	ن	ذ	ث	ښ	ک	ب	ا	ل	و	ن	س	ق
ڼ	پ	ل	خ	ی	م	ه	ر	د	ن	س	آ	څ	ذ

اکرابت
حیوانات
بالون
دوکه
لباس
فیل
تفریح
جګلر
شیر

جادو
جادوګر
بیزو
سندره
پریډ
خیمه
ټیکټ
پرانګ

28 - Restaurant #2

ږ	ک	ق	ل	غ	گ	ٹ	چ	م	ن	ت	ظ	ر	ق
ث	ت	ه	ب	و	ا	م	ص	ا	ل	ح	ې	ط	ږ
س	د	ف	س	ز	چ	ۍ	ک	ه	ګ	ۍ	و	چ	ر
م	ط	ږ	غ	ګ	ذ	څ	ی	ي	ض	س	پ	آ	ؤ
ډ	ځ	ذ	ښ	د	ږ	ښ	ک	ر	ك	ر	ص	چ	گ
ډ	ن	د	ۍ	س	ل	ا	د	ډ	ٹ	ک	ٹ	ښ	ږ
ع	ف	ذ	ګ	ب	خ	ک	ګ	و	ح	ص	ڼ	ف	ز
د	ل	ډ	خ	ګ	ذ	و	ل	ر	ن	ط	ذ	ج	ش
ک	ډ	ټ	ر	ک	ر	و	ف	ئ	ښ	ه	ب	ا	س
س	و	پ	ن	و	ډ	ل	ز	ړ	ګ	گ	ي	ت	ص
ډ	ډ	ڼ	د	ش	ی	ح	ق	ل	ض	ر	خ	ف	ګ
ذ	ۍ	ن	ؤ	ګ	م	ل	ا	خ	ئ	م	ش	ث	ط
ئ	و	ث	خ	گ	ۍ	م	چ	ځ	ك	ت	گ	ك	و
خ	ږ	ه	و	ی	م	ح	آ	ډ	و	ت	ط	ش	ئ

څښاک
کیک
کرسۍ
خوندور
ډوډۍ
هګۍ
ماهي
فورک
میوه
یخ

نوډلز
سلاد
مالګه
سوپ
مصالحي
چمچ
سابه
منتظر
اوبه

29 - Geology

د	ګ	س	ب	ع	ې	ځ	ټ	ټ	ث	پ	ط	ص	م
ي	ج	و	ا	ب	ا	ز	ی	ت	ر	پ	ځ	غ	ا
آ	ډ	ن	ط	ی	گ	پ	چ	ر	ټ	ن	ب	ڼ	ل
ټ	ع	ت	چ	ر	ک	ي	ۍ	ز	ؤ	ا	ټ	ك	ګ
ړ	ص	پ	آ	خ	ي	ل	ډ	ی	ټ	ج	س	ي	ه
ر	م	ې	ت	ت	ع	ك	و	ګ	ث	ر	ټ	ٹ	ر
ا	ج	ټ	ز	ک	ج	ل	آ	ن	م	م	ا	ت	ب
ۍ	ی	چ	ث	آ	ر	ا	غ	ب	ه	ڼ	ل	و	ډ
ت	ډ	ن	ډ	ۍ	ل	س	ف	ع	ض	ل	ټ	ا	ک
ز	ل	ز	ل	ه	ا	ک	ټ	ي	ف	و	س	ی	ل
ښ	ا	ا	ف	پ	و	ل	ص	ا	ی	ص	ٹ	آ	ت
د	ر	ب	ې	س	ا	س	ش	ې	ل	ض	ي	ص	ګ
ي	ن	ث	ص	ف	ص	ی	ز	ب	ق	ا	ر	ې	ر
ع	م	ټ	ډ	ش	ټ	م	و	ی	ن	ډ	و	ل	ي

تيزاب
کلسيم
غار
قارې
مرجان
کرسټال
سايکلونه
زلزله
تخريب
فوسيل

ګيزر
لاوا
پرت
منرال
پټنوس
کوارټز
مالګه
سټالټ
ډبره
وينډول

30 - House

ب	ؤ	س	د	ګ	ث	ف	ی	پ	ی	ش	م	ې	ئ
ع	ا	ؤ	ی	ط	ر	ج	ځ	ړ	ی	ا	ی	ض	ڼ
ؤ	م	غ	و	ر	چ	ا	ك	ې	ا	و	ړ	م	گ
س	ط	ا	ا	ن	ی	ی	ج	ښ	ړ	ر	ص	ع	د
آ	م	ر	ل	ه	ن	و	خ	ب	و	خ	د	ک	ر
ښ	ښ	ځ	د	ر	ر	ر	پ	ب	پ	ح	آ	س	و
ب	ښ	ک	ش	و	ف	ا	پ	ر	د	ې	ګ	ز	ا
ب	س	و	چ	ا	ب	ج	ډ	ض	ئ	ض	ډ	ع	ز
ی	ل	ټ	آ	ت	ا	ذ	ئ	ز	ک	ک	ذ	ط	ه
س	څ	ه	ع	ع	پ	ۍ	ز	ډ	ړ	و	ج	ي	ي
م	ي	ډ	خ	غ	گ	ک	ټ	ڼ	چ	ټ	م	ډ	ك
ی	ځ	ن	ل	خ	پ	ړ	گ	ک	ذ	ې	ج	ش	ڼ
ن	و	ت	ب	ا	ت	ک	ي	ق	خ	ط	م	م	خ
ټ	ؤ	ڼ	ف	د	ي	ې	ا	ش	ن	ل	ي	ط	ش

بیسمینټ
د خوب خونه
جارو
پردې
دروازه
نل
اوره
پوړ
فرنیچر
گراج

باغ
پخلنځی
څراغ
کتابتون
عکس
چت
کوټه
شاور
دیوال
کړکی

31 - Physics

م	ب	ټ	ت	ؤ	ګ	گ	ف	ڈ	ز	ل	ک	س	ذ
ی	ر	ث	ږ	ز	ډ	ظ	س	ض	ص	ک	ی	ٹ	ذ
خ	خ	ت	ړ	ا	و	ډ	ه	ل	ډ	ح	م	پ	ق
ا	ه	و	ب	ګ	ډ	د	ٹ	ئ	آ	ق	ی	ې	ط
ن	ښ	ڈ	ی	ی	ي	م	ڈ	ت	خ	آ	ک	ح	ا
ی	ی	س	ن	و	ک	ی	ر	ف	م	غ	ل	ن	ی
ک	ږ	ل	ا	و	ی	ړ	ن	ا	ل	ک	ج	ږ	ت
ئ	س	ف	و	ر	م	و	ل	ث	گ	ن	ږ	ح	خ
ړ	ی	ت	ع	ر	س	ی	ل	ک	ت	ٹ	ك	ښ	ا
ي	م	و	ټ	ا	ک	ض	ذ	ج	ې	ج	د	ې	ر
گ	و	ڈ	ی	و	ئ	ڼ	ر	ق	څ	ص	چ	ڼ	پ
ٹ	ټ	ع	ل	ل	ڈ	ب	س	ی	ط	ا	ن	ق	م
د	ا	ث	ؤ	گ	ه	گ	ټ	ا	ن	ښ	ی	ر	ب
خ	آ	ړ	ړ	ذ	ك	ې	ج	ډ	ږ	ق	ث	ې	ذ

سرعت	فريکونسی
اټوم	ګاز
ګډوډي	مقناطيس
كيميكل	ډله
كثافت	میخانیک
بريښنا	ماليکول
انجن	اټومي
پراختيا	برخه
تجربه	تړاو
فورمول	نړيوال

32 - Dance

ن	څ	څ	ت	ا	ر	پ	م	گ	ض	ی	ع	ت	ا
ډ	ی	ر	ټ	ا	ح	س	پ	ګ	ټ	ا	د	م	ښ
څ	ص	ګ	ک	ه	ل	س	ژ	پ	ړ	ک	ې	ر	ږ
آ	ږ	ن	ص	ر	ض	ئ	ا	ۍ	ګ	ا	ی	ی	ې
ز	ی	د	و	د	ف	ژ	ج	س	ث	ډ	ص	ن	ص
څ	ج	ی	پ	ن	ٹ	س	ٹ	ډ	ٹ	م	ڼ	ك	گ
خ	ج	ل	غ	س	ړ	چ	خ	ح	ی	ۍ	ذ	ؤ	ك
خ	و	ش	ح	ا	ل	ه	ث	س	ر	و	ت	ل	ک
ب	د	ن	ې	ډ	س	ذ	ك	ص	ګ	ک	ك	گ	ؤ
ش	ذ	ٹ	ی	ٹ	ژ	ذ	م	آ	ل	ی	ت	ژ	ژ
ذ	ئ	ۍ	ب	و	ئ	پ	م	م	م	س	ح	ه	چ
ک	و	ر	ی	و	ګ	ر	ا	ف	ي	ا	ړ	ن	ي
ت	ت	ؤ	ؤ	ښ	ت	ي	ر	و	ت	ل	ک	ر	ک
چ	ن	ل	ت	ؤ	ق	غ	گ	غ	ذ	ک	ز	چ	ت

اکاډمی
هنر
بدن
کوریوګرافي
کلاسیک
کلتوري
کلتور
احساس
څرګند

فضل
خوشحاله
حرکت
سندره
ملګری
تمرین
تال
دودیز
لید

33 - Coffee

ن	ر	م	خ	و	ن	د	ف	ل	ټ	ر	ص	ث	د
ډ	ر	ه	گ	ی	چ	ع	ه	ب	و	ا	ص	ل	و
ک	و	خ	څ	ر	ګ	ک	ړ	څ	و	ا	ی	ډ	ق
ا	ت	ر	ا	ا	ا	ظ	ش	ث	ک	ې	د	څ	ګ
ج	ز	ت	ډ	ه	ټ	ن	ق	ظ	ی	پ	ئ	ڼ	ظ
ل	غ	م	ئ	س	ل	ی	ړ	و	ځ	ق	ص	ن	ز
ڼ	ش	ګ	س	چ	ک	ک	ا	ف	ی	ن	ي	پ	و
ړ	ي	ئ	ك	ذ	ك	ړ	ې	ۍ	ځ	ځ	څ	ص	ک
ا	د	ب	ڼ	ت	ك	س	ئ	ي	ز	ځ	ږ	ض	ی
ث	ې	و	ځ	ح	ګ	ې	ذ	ج	ق	ز	ې	س	ش
ټ	ع	ی	ا	م	ع	ج	گ	ي	ف	ۍ	ر	ۍ	ټ
ك	غ	ک	ر	ی	م	س	ق	ل	څ	ټ	آ	ك	ژ
ث	ش	ک	ر	چ	ف	ؤ	ډ	ث	ځ	ز	ب	ڼ	ۍ
ټ	ز	څ	ښ	ا	ک	ط	ح	ړ	ښ	ر	پ	ث	ا

بوی
خښناک
ترخه
تور
کافین
کریم
کپ
فلټر
خوند
گراند
مایع
شیدې
سهار
اصل
نرخ
شکر
قسم
اوبه

34 - Colors

ا	ۍ	خ	ٹ	ظ	گ	ټ	ګ	ك	ح	ڼ	م	ټ	ک
د	ن	ړ	ی	ژ	غ	ز	آ	ډ	گ	ذ	س	ئ	ځ
ع	ا	ډ	ې	ن	گ	ت	ۍ	ب	ع	ۍ	ی	ڈ	د
ښ	ی	ش	ی	ګ	ي	ځ	ی	ق	ي	د	پ	د	ث
پ	س	ې	غ	ګ	ن	ا	ر	ن	ج	ي	ی	ع	ي
م	ږ	ف	م	ر	و	ي	ز	ح	ؤ	ل	ا	ا	ۍ
ګ	ن	ص	و	ا	ر	ي	ص	ط	ټ	س	پ	ی	ن
ب	ي	ی	ړ	ي	و	ن	د	ګ	ل	ا	ب	ي	ا
ژ	ځ	ۍ	ش	س	س	ا	ث	ڼ	ی	ح	ط	ق	ی
پ	خ	ٹ	څ	چ	ځ	و	ی	د	ا	ی	ڼ	ی	ف
ړ	ګ	ص	ې	و	ج	غ	ص	ن	و	م	ک	غ	س
ط	گ	ځ	و	ف	ړ	ر	و	ت	ح	د	ر	ړ	ب
ع	ب	ږ	ډ	پ	ي	ا	ی	ش	ز	ج	م	ج	م
گ	ي	م	ص	ش	م	ج	ص	ص	ښ	ق	ي	ت	ث

زیور	انډیګو
تور	نارنجي
آبي	ګلابي
نصواري	ارغواني
کرمي	سور
سیان	سیپیا
فوچسیا	وایلټ
شین	سپین
خړ	ژیړ

35 - Climbing

ث	ک	ه	ړ	ذ	ږ	خ	ف	ې	ض	ی	د	ق	ل
ډ	ا	ی	خ	ا	چ	ط	ز	ک	ث	ځ	ؤ	ل	و
ع	ر	ل	ډ	ق	ظ	پ	ی	آ	ظ	ت	ا	ب	ث
ټ	پ	م	ع	ب	ژ	ټ	ک	ذ	و	څ	ي	ر	پ
ک	و	ټ	ز	ر	ا	غ	ي	ق	س	آ	ئ	ی	ک
ژ	ه	ړ	ج	ډ	ف	ي	غ	ږ	ټ	ب	ظ	ف	ي
خ	ن	ړ	ل	غ	ط	ې	ك	ث	ط	ډ	ز	س	ق
ٹ	ز	ئ	ج	ك	ف	ګ	ن	ت	ڼ	غ	ع	و	ګ
ذ	و	ش	ی	ط	پ	د	س	ت	ک	ش	ې	م	ټ
ص	ر	ص	ږ	ن	ح	ک	ۍ	ډ	غ	ن	ق	ت	ز
ن	ا	ټ	و	ب	ه	ن	و	د	و	ښ	ر	ا	ل
آ	ف	ح	ؤ	ش	ژ	و	ص	ګ	ؤ	ئ	ض	ؤ	ٹ
ڼ	س	ا	ق	ذ	ژ	ی	ن	ت	ف	س	س	ج	ت
م	ذ	ن	ی	ښ	ګ	ن	ی	ل	ا	و	ړ	و	ل

هیلمټ
تیپ
نقشه
تنګ
فزیکي
ثبات
قوت
روزنه

لوړوالی
اتموسفیر
بوټان
غار
ننګوني
تجسس
کارپوه
دستکشي
لاربنودونه

36 - Shapes

و	ؤ	گ	ک	ړ	ک	س	و	ن	د	ل	ا	ړ	خ
م	ق	ف	و	ر	ث	ل	ث	م	آ	م	ا	ب	ډ
س	خ	ی	ن	ک	آ	ن	ف	ک	ع	ی	ظ	ی	ۍ
ت	ڈ	ه	ج	و	گ	ډ	د	ا	گ	ش	ې	ۍ	ن
ط	م	ر	ب	ع	ڼ	ر	ې	غ	ف	ص	ر	م	ج
ی	ك	ی	ړ	د	ئ	م	ګ	ؤ	ش	ه	چ	ث	ث
ل	ب	ا	ه	ر	م	ن	و	چ	ی	ا	ش	ق	د
ا	ي	د	ك	ف	غ	ش	ی	ح	ذ	ی	ش	ئ	ح
و	څ	څ	ض	څ	ی	و	ض	ی	ب	پ	ک	ن	پ
و	ؤ	ي	ب	ښ	ك	ر	ل	ز	ک	ر	چ	ت	ک
ل	ک	پ	و	ل	ی	ګ	و	ن	ط	ب	و	ی	ک
س	ع	غ	ا	ړ	ې	ځ	ڼ	ك	ئ	و	ذ	ظ	ب
س	ت	ژ	ظ	ج	ی	خ	ش	م	څ	ل	ړ	ذ	ظ
ي	ړ	ځ	ت	آ	ر	ټ	ط	ئ	ګ	ا	ڈ	ټ	ز

آرک
دایره
شنک
کونج
کیوب
وکر
سلنډر
غاړې
بیضوی
هایپربولا

لاین
اوول
پولیګون
منشور
هرم
مستطیل
اړخ
مربع
مثلث

37 - Scientific Disciplines

ژ	ټ	ث	څ	ځ	ب	ۍ	ك	ا	ظ	ی	ح	ع	س
م	ب	ز	ی	ړ	و	ع	ښ	ر	ج	ژ	ک	ج	ت
م	ی	پ	ا	څ	ټ	ي	ژ	و	ل	و	ی	ب	و
ل	ع	خ	و	ت	ا	ل	گ	ا	ا	ل	م	ب	ر
ر	ې	د	ا	ه	ن	ډ	ټ	پ	م	و	ا	ی	پ
غ	ۍ	ا	ن	ن	ن	ی	و	و	و	ی	ن	ک	و
و	ج	ن	ا	ی	ی	ه	ل	ه	ن	س	ی	ی	ه
ن	ی	ا	ي	ژ	ا	ک	ن	ن	و	ن	ړ	م	ن
پ	و	ت	ک	و	ث	ت	پ	ه	ل	ی	و	ی	ه
و	ل	و	و	ل	ژ	څ	و	ځ	و	ک	م	ا	ت
ه	و	م	ل	و	غ	ف	ه	ص	ژ	ډ	ر	ټ	ټ
ن	ج	ي	و	ی	خ	ځ	ن	ب	ي	ف	ت	ۍ	د
ه	ی	ظ	ژ	ز	ز	ن	ه	ع	ک	ی	م	ی	ا
ړ	ط	ئ	ي	ف	ن	ی	و	ر	و	ل	و	ژ	ي

اناتومي
لرغونپوهنه
ستورپوهنه
بيکيميا
بيولوژي
بوټان
کيميا
ايکولوژي
جيولوجی
امونولوژي
کينسيولوژی
ژبپوهنه
ميخانيک
معدنيات
نيورولوژي
فزيولوژی
ارواپوهنه
ټولنپوهنه
ترموډينامیک

38 - Science

ف	و	س	ی	ل	ک	ی	م	ی	ک	ذ	ي	ؤ	ف
م	ا	ل	ی	ک	و	ل	و	ن	ه	ر	ټ	خ	ر
ت	ک	ا	م	ل	د	ب	ټ	ډ	ب	ا	ډ	ص	ض
ح	ق	ی	ق	ت	ع	ص	ظ	چ	ر	ت	ی	گ	ی
ل	ا	ب	ر	ا	ت	و	ا	ر	ج	ې	آ	ق	ه
ج	م	ج	ی	ا	ټ	و	م	ن	ت	ف	ز	ی	ک
س	ا	ی	ن	س	پ	و	ه	ښ	ب	ۍ	ف	گ	ع
ف	څ	غ	و	گ	ټ	م	ی	ل	ق	ا	و	ټ	ط
ډ	ا	ې	ل	ۍ	ی	ن	ځ	ن	ل	ې	ت	ړ	ړ
م	ی	ت	و	د	ز	ر	ک	ډ	ص	ز	ډ	ا	ګ
ل	ؤ	خ	ج	م	ځ	ا	ظ	ډ	ا	ب	ی	ح	ت
ۍ	ق	ؤ	چ	ث	ژ	ل	ډ	ک	ښ	ټ	پ	غ	و
ک	ړ	آ	ث	ب	ط	ب	ی	ع	ت	ټ	ا	چ	ث
ذ	ځ	ر	ن	ر	ک	ت	ك	ځ	چ	م	ؤ	ز	ز

اتوم
کیمیکل
اقلیم
ډاټا
تکامل
تجربه
حقیقت
فوسیل
فرضیه

لابراتوار
میتود
منرال
مالیکولونه
طبیعت
ذرات
فزیک
نباتات
ساینس پوه

39 - Beauty

ق	د	ض	ك	پ	و	س	ت	ک	ی	آ	ن	ر	م
ض	ئ	خ	و	ش	ړ	ت	ا	ج	ع	ظ	ۍ	ا	ز
خ	ټ	ق	ع	ص	غ	س	ړ	ا	ر	ز	س	ې	ژ
د	ر	ن	ش	ا	م	پ	و	ګ	آ	ک	پ	ټ	ښ
م	س	ټ	ا	ی	ل	ص	ک	ن	ا	ۍ	ت	ا	ټ
ت	ک	ټ	ټ	ل	د	ک	و	ر	ل	ذ	ٹ	ي	ط
و	ب	ک	پ	ک	س	ح	ا	پ	و	ځ	ل	ؤ	ث
ن	س	ل	ړ	ښ	ي	پ	ل	ص	ړ	ؤ	ج	ګ	ډ
ه	ج	ک	ی	ټ	س	پ	ل	ب	و	ی	چ	ی	ق
ث	ړ	ا	ل	ک	ښ	ع	ض	ذ	ج	ش	ث	و	و
ط	ع	چ	ع	ې	ط	ت	ف	ځ	ڈ	ض	ل	آ	ئ
ئ	ڼ	ص	ی	ک	ن	و	ک	ښ	ا	ر	ه	ړ	ز
و	غ	ح	ف	گ	ۍ	ض	ک	ی	ج	و	ت	و	ف
ڼ	ډ	ض	ٹ	ح	ې	ف	ت	ا	ل	و	ص	ح	م

زړه راښکونکی
رنګ
کاسمیټکس
د کورل
ښکلا
ښکلی
بوی
فضل
لپسټیک
جوړول

ماسکارا
عکس
فوتوجیک
محصولات
قیچی
خدمتونه
شامپو
پوستکی
نرم
سټایل

40 - Clothes

ض	ث	ک	م	ر	ب	ن	د	پ	ې	ب	ا	ر	ج
ل	ؤ	ټ	ئ	ض	ژ	س	د	ا	ج	ئ	ڼ	آ	س
ر	ک	و	ټ	ي	ت	ا	ي	ج	ا	ژ	د	ی	ګ
ي	ا	ب	ر	ک	ی	ت	ځ	ا	ک	ڼ	ن	ړ	ٹ
ر	څ	ز	ش	ن	ش	ی	ف	م	ټ	ڈ	م	ګ	ډ
ص	څ	ې	ن	و	ل	ت	پ	ا	ل	ئ	ل	ن	ك
ږ	ض	م	ر	گ	ن	ض	چ	س	ي	ي	ی	ب	ګ
س	ک	ا	ر	ف	آ	غ	ص	ب	ډ	ر	ن	ځ	ن
ڼ	غ	ج	ټ	ح	ړ	ی	د	ك	ړ	د	ټ	ښ	ع
ض	ږ	ې	ی	ن	م	پ	م	ح	ر	خ	ج	ښ	ي
ك	ی	آ	و	ش	پ	ك	ح	ښ	ب	ی	غ	ږ	پ
ج	ق	ف	س	س	ډ	آ	پ	ر	ن	خ	ث	څ	آ
ک	ل	ت	ث	ف	ږ	ن	ږ	س	ز	و	ل	ب	ك
ڼ	غ	ی	ض	ظ	ح	ظ	ج	ڼ	ك	ړ	ځ	ف	پ

آپرن
کمربند
بلوز
بنګړی
کوټ
جامې
فیشن
دستکشې
لرې
جاکټ

جینس
پاجاماس
پتلون
سینډل
سکارف
شرټ
بوټ
لمن
جرابې
سویټر

41 - Ethics

ن	ژ	ښ	ډ	ح	ث	ا	م	ص	ځ	ټ	ت	ز	ع
غ	ظ	د	ن	ګ	ی	ن	ع	ق	خ	ن	و	ې	ړ
خ	چ	ع	ذ	ړ	ډ	ف	ق	ر	ک	ې	ح	ډ	ی
ص	و	ش	ف	ق	ت	ر	و	ح	چ	پ	ی	ب	پ
ت	د	ش	ا	غ	غ	ا	ل	ت	چ	ږ	د	ګ	ل
ب	ت	ا	ب	ډ	م	د	ی	ذ	و	ي	و	ر	و
ه	ټ	گ	ق	ی	ر	ی	ت	ه	ف	س	ل	ف	م
ب	م	غ	ز	ت	ن	ت	ی	ع	ق	ا	و	ز	ا
ش	چ	ک	ك	ې	ق	ي	ک	ج	ذ	ي	ق	ی	ت
پ	ق	ر	ا	ا	ن	س	ا	ن	ی	ت	ع	ب	ی
ړ	ی	ړ	ت	ر	م	ټ	ږ	غ	ښ	خ	م	ز	ک
ت	ض	ث	ې	پ	ي	م	ه	ر	ب	ا	ن	ی	ر
ی	ك	گ	ا	ر	ز	ښ	ت	و	ن	ه	آ	ي	ا
ا	ح	ک	م	ت	ډ	ې	س	ن	ح	ئ	م	آ	غ

توحيدول	مهربانی
شفقت	خوشبيني
همکاري	زغم
عزت	فلسفه
ډيپلوماتيک	معقوليت
صداقت	واقعيت
انسانيت	معقول
انفراديت	ارزښتونه
بشپړتيا	حکمت

42 - Insects

ڈ	ڼ	خ	ل	ی	ب	غ	پ	ذ	خ	ا	پ	ګ	ش
ر	ف	ک	ې	ل	ی	ږ	م	ر	و	ف	س	ر	ت
س	و	څ	س	ی	ټ	ن	م	ب	څ	ی	ه	ا	ژ
ڼ	ک	ی	ی	ړ	ل	ع	ظ	ظ	س	ړ	ړ	س	ض
و	ځ	ځ	پ	ی	ك	پ	ج	ئ	ټ	چ	ض	ش	ژ
گ	ب	ص	ش	ب	و	ت	ی	م	ر	ت	ل	ا	ئ
ع	ر	ی	ی	ګ	ک	ن	ټ	ې	و	ؤ	ض	پ	ظ
ٹ	ك	ې	ا	ذ	ر	ګ	ۍ	ؤ	ه	ز	ا	ر	ل
ص	س	ږ	د	ی	ر	ق	ی	ې	څ	ئ	ك	ی	ې
ز	ځ	ك	ا	و	ر	ا	ل	ر	ښ	ا	ض	څ	ا
ب	ض	ړ	ک	ز	چ	ژ	ڼ	ې	ړ	ن	ض	ب	ل
و	څ	ل	س	و	ن	ط	ز	ی	ک	ت	ې	ح	ي
ر	ض	چ	ج	ڈ	ك	ز	پ	س	ش	غ	ې	ي	ژ
ا	ږ	ج	ق	و	ټ	ض	ض	ک	ا	ک	ر	و	چ

انت
افید
بی ای
بیتل
پتنگ
سکادا
کاکروچ
ډریگک
پسه
گراسشاپر

هورټ
لیدیبگ
لاروا
منتیس
پشی
بورا
ترمیت
غمبس
ورم

43 - Astronomy

پ	ق	ب	گ	ل	ئ	ن	ز	و	م	س	ا	ک	س
ج	ر	ب	ی	ك	ت	ی	ږ	څ	ق	پ	ع	ت	ؤ
ی	ف	ج	ک	ځ	ښ	ب	ر	ز	ذ	ږ	ر	ض	ف
ل	و	ل	ن	ی	م	و	ا	س	پ	و	ږ	م	ی
م	ړ	س	و	ک	گ	ل	ک	ی	ئ	ت	خ	ع	ڈ
ڈ	ا	ٹ	ت	م	و	ا	ټ	ی	ط	پ	ض	ؤ	س
ب	ن	ج	و	ږ	ش	ی	د	د	ي	س	ک	ل	ګ
چ	ګ	ن	ل	و	ی	ی	و	ا	ر	پ	خ	خ	س
ڼ	ه	ؤ	ا	پ	ک	س	ا	ک	د	ز	ل	ت	ژ
ی	ک	ا	س	س	و	پ	ر	ن	و	ا	و	پ	ڈ
ض	م	ی	م	ض	ر	د	ی	ا	ب	ر	و	ټ	ت
ك	ځ	غ	ا	ث	ا	ض	آ	ا	پ	ظ	ت	س	پ
ط	ف	ؤ	ن	ي	ح	ی	ز	و	ل	و	ډ	ن	ا
ګ	ږ	ب	س	ی	ا	ر	ه	ې	ټ	ژ	ك	ژ	ړ

ستروئید
خلاباز
ستورپوه
برج
کاسموز
ځمکه
خپراوی
انډول
ګلکسي
الوتنکی

سپوږمۍ
نیبولا
ردیاب
سیاره
وړانګه
راکټ
سپوږمکۍ
اسمان
سوپرنوا
زدکاسک

44 - Health and Wellness #2

ق	ن	ر	ذ	ځ	ذ	ځ	ګ	ښ	ا	ج	ن	غ	ر
ړ	ك	ئ	ن	م	ج	ئ	ل	ط	ن	ی	ق	چ	و
ص	چ	ې	ش	غ	ي	غ	و	ر	ا	ن	ل	ح	غ
ت	غ	ذ	ی	ه	ړ	ا	و	خ	ت	ی	م	ح	ت
ځ	ا	ق	ر	ح	ې	ه	ظ	ي	و	ټ	ا	ر	و
ړ	ح	ا	ډ	ص	گ	ت	ا	ي	م	ٹ	ل	م	ن
ح	ګ	ژ	ی	ل	څ	ش	و	ڼ	ي	ج	ش	ې	چ
ی	ث	ۍ	ا	ا	ي	ا	غ	ی	ژ	ر	ن	ا	ژ
ج	ا	ک	ه	ظ	ر	ا	ش	ف	ن	ض	پ	ډ	ی
ر	و	غ	ی	ف	و	ٹ	ز	ر	ز	ه	ې	ذ	ف
ل	ځ	و	ډ	ح	ل	ح	ړ	ذ	و	ض	ټ	آ	ډ
ا	ر	د	ص	ن	ا	ر	و	غ	ۍ	غ	ی	گ	ؤ
ؤ	م	ب	ث	ړ	ک	ي	ز	ذ	چ	ج	و	ئ	آ
ع	ٹ	خ	پ	ئ	و	ی	ټ	ا	م	ی	ن	ل	ث

الرجی
اناتومي
اشتها
وینه
کالوري
ډیهایډریشن
خواړه
ناروغی
انرژی
جینیټ
روغ
روغتون
حفظ الصحه
ناروغي
مالش
تغذیه
روغول
فشار
ویټامین
وزن

45 - Time

ذ	ژ	غ	ز	ژ	ف	ک	س	م	ط	د	ر	ن	ې
ل	س	ي	ز	ه	ر	ل	ا	ی	ژ	ق	ح	ح	ض
ګ	ض	س	ډ	ی	ټ	ن	ع	ا	د	ی	ا	و	س
ت	س	ه	ا	ر	ن	ی	ت	ش	ط	ق	ڈ	ډ	د
ؤ	ګ	ژ	ک	ګ	ن	ک	م	ت	پ	ه	پ	ش	ې
ف	ج	ۍ	ا	ړ	ځ	ن	خ	ڼ	ئ	ت	آ	س	چ
د	م	م	ل	ز	څ	و	ک	ط	ل	س	و	ر	ځ
ا	و	ن	ۍ	ك	ج	ل	ې	ۍ	ض	و	ي	غ	و
پ	ر	و	ن	ا	ؤ	ت	ؤ	ې	د	ر	ل	ټ	ع
پ	ی	ړ	ۍ	ټ	پ	ا	ځ	د	ف	و	ع	ک	ب
ک	ږ	ې	ؤ	ت	ڼ	ر	ق	ږ	ع	ظ	ل	ز	ڼ
ل	ذ	ز	ش	ق	ت	ق	خ	ئ	ی	ي	ښ	ت	ط
ي	م	ګ	ض	ث	ل	ط	ع	ح	ر	ی	ق	ژ	ن
ز	ټ	ز	غ	ر	م	ه	ل	ژ	ښ	ک	ش	ي	ګ

وروسته
کلنۍ
مخکې
کلیز
پیړۍ
ورځ
لسیزه
راتلونکی
ساعت
دقیقه
میاشت
سهار
شپه
غرمه
اوس
ژر
نن
اونۍ
کال
پرون

46 - Buildings

ا	آ	ر	ا	و	ت	ا	ر	ب	ا	ل	ک	ز	ل
ښ	چ	ی	گ	ب	ا	ی	د	ر	آ	ل	ک	و	ټ
ئ	ق	ژ	ډ	ك	س	ی	ن	م	ا	ذ	ی	ص	و
م	و	ز	ي	م	ج	و	ر	ؤ	ډ	پ	ځ	ژ	ه
ا	ا	ه	ک	ی	ر	ب	ا	ف	ل	ل	ن	ل	ث
ط	پ	ک	ك	ړ	ب	ی	ر	و	غ	ت	و	ن	آ
ا	ا	ك	ل	ی	ې	ډ	ر	ژ	ع	ی	و	و	ف
ق	ر	ص	ت	ټ	ړ	ن	څ	چ	ل	پ	ښ	ت	ذ
ل	ت	ګ	ی	س	ځ	خ	خ	ط	ټ	ا	ټ	ن	ع
آ	م	ك	ا	ی	ژ	ٹ	ی	ظ	س	ب	م	ه	ذ
ټ	ا	ښ	ت	ت	ض	ؤ	م	خ	ا	ش	ی	و	ز
ض	ن	ې	ر	ت	گ	ځ	ه	ر	ه	ړ	ڼ	پ	ع
ت	ذ	ګ	ل	ړ	خ	ظ	ن	ف	آ	ڼ	ڼ	ړ	ش
ش	ز	ڼ	ذ	ت	ر	ا	ف	س	څ	ټ	ش	م	ؤ

اپارتمان
بارن
اطاق
کلا
سینما
سفارت
فابريکه
روغتون
هاستېل
هوټل

لابراتوار
موزیم
ردیاب
ښوونځی
سټېډيم
لوی پلورنځی
خیمه
تیاتر
برج
پوهنتون

47 - Philanthropy

ؤ	ر	م	ع	خ	ې	ډ	خ	س	ا	ر	ګ	ک	ص
ج	د	ا	ا	م	ل	ى	ل	ى	ړ	ظ	چ	س	ګ
ك	ط	ل	م	ې	ؤ	ص	ک	ټ	ض	ډ	ټ	ځ	ب
ا	ڼ	ى	ه	ن	ن	ۍ	ت	ى	ن	ا	س	ن	ا
ه	ح	ه	ن	و	ح	خ	ى	ګ	ص	س	ث	ا	ړ
د	ا	ن	و	ګ	م	ز	ر	د	ب	ز	م	و	آ
ا	ت	و	س	ن	ا	ژ	و	ص	ظ	ب	ج	ځ	ز
ف	ا	م	ا	ن	ش	ذ	م	آ	ا	ى	ت	ړ	ا
ړ	ر	ا	م	و	و	ا	ا	ړ	ه	ت	س	ر	م
څ	ى	ر	ت	غ	م	ټ	م	ن	و	ك	خ	س	ژ
ځ	خ	ګ	ؤ	ي	ا	آ	ل	ج	ګ	خ	خ	ع	ښ
ڼ	ي	و	د	د	ن	و	پ	ئ	ړ	ا	څ	ك	ج
ؤ	ک	ر	ډ	ظ	ټ	خ	ښ	ص	و	ک	ى	ک	ض
ړ	ئ	پ	ت	ق	ا	د	ص	ت	ت	ا	ر	ى	خ

ننګوني
خيرات
ماشومان
ټولنه
تماسونه
مرسته
ماليه
سخاوت
اهداف
ډلې

تاريخ
صداقت
انسانيت
ماموريت
اړتيا
خلک
پروګرامونه
عامه
ځوان

48 - Gardening

ګ	ط	ښ	ظ	ړ	ئ	د	ا	ر	ځ	ا	ي	ت	گ
ل	ټ	ي	ت	ش	ڼ	ئ	ش	ی	ض	ګ	ل	خ	ښ
و	څ	ظ	م	ټ	ک	آ	ش	ط	چ	ی	ټ	م	ي
ن	ګ	ل	د	س	ت	ۍ	ز	ټ	ک	غ	چ	و	ث
ه	ك	و	خ	ا	و	ر	ه	ړ	م	ښ	ب	ن	ټ
ڼ	ئ	ئ	ڼ	ځ	ي	م	ز	ب	پ	ی	ه	ه	ا
ا	ص	آ	ط	خ	ی	ډ	ړ	ڼ	و	چ	ر	ذ	ق
پ	ی	ذ	ډ	پ	ې	ي	ظ	ب	س	ا	ن	س	ل
چ	ج	آ	ړ	ا	م	ځ	ز	و	ټ	ن	ي	ی	ی
ع	ټ	ي	ښ	ڼ	ر	ن	ی	ټ	ن	ا	ک	ګ	م
ڼ	ډ	ز	ا	ې	ا	ښ	ص	ا	ي	ړ	ډ	غ	ق
ن	ل	ی	ر	ط	و	ب	ت	ن	ب	ذ	ل	و	و
ك	ج	ړ	ې	ډ	ح	ي	ا	ي	ا	ث	ق	ګ	ل
ی	چ	څ	ڼ	ظ	گ	ې	ڔ	ک	غ	ش	ت	ر	غ

ګلونه
بوټانیک
ګلدستۍ
اقلیم
کمپوسټ
کانټینر
چټلي
بهرني
ګل
پاڼې

نلی
پاڼه
رطوبت
باغ
موسمي
تخمونه
خاوره
ډول
اوبه

49 - Herbalism

ئ	ن	س	ګ	ې	ح	چ	گ	خ	ع	و	و	ړ	ټ
ك	ت	ي	ل	س	ر	ا	پ	څ	ع	ې	ی	ټ	ت
ت	ڼ	م	ا	ر	و	ج	ر	ا	م	ک	ل	ګ	د
ر	ځ	س	ب	ګ	ق	ش	ړ	گ	ز	ڼ	ن	ی	ش
ا	ز	و	ک	ق	ه	ږ	ا	ش	ق	ج	ی	ع	ز
ګ	غ	ن	ګ	آ	ږ	چ	ر	خ	ځ	ب	ا	ب	ع
و	و	ف	ی	ټ	و	ب	و	خ	ت	ی	ځ	ط	ع
ن	د	ظ	ل	ږ	و	ژ	م	و	ز	س	ښ	م	ح
ن	ذ	آ	خ	ړ	ډ	ر	ا	ن	ع	ل	ب	س	ش
ف	ځ	ج	پ	ر	ت	ح	ت	د	ف	ې	ړ	ږ	ځ
ل	ی	و	ی	ن	ډ	ر	ی	ح	ر	ب	ض	خ	م
چ	ڼ	خ	ز	ص	څ	ح	ک	ث	ا	چ	ا	ر	ډ
ې	ص	ږ	ك	ټ	ښ	و	ډ	ا	ن	ځ	ې	غ	ئ
ډ	خ	و	ئ	ب	ی	ی	ط	غ	چ	ا	آ	ژ	ا

اجزا
لیوینډر
مارجورام
ویلنی
طبعی
پارسلي
بوټی
ګلاب
زعفران
تراګون

اروماتیک
بیسل
ګټور
پخلی
سونف
خوند
ګل
باغ
ووږه
شین

50 - Vehicles

ټ	ظ	ض	ی	ک	ن	و	ه	و	و	ب	م	ا	ل
ا	ر	و	ټ	ک	ا	ر	ټ	گ	ن	ی	و	ي	ک
ی	ل	خ	ذ	ت	ع	ل	چ	ر	ژ	ظ	ب	س	س
ر	س	ب	م	ی	ر	ی	ن	ا	و	ر	ا	ک	ي
و	گ	آ	ی	پ	ٹ	خ	چ	ص	م	ا	ج	ټ	ا
ن	گ	څ	ک	ن	ؤ	ث	ل	و	ش	ن	ې	ي	ب
ه	ه	ک	ل	ر	و	چ	ټ	ع	ټ	ج	ړ	ډ	ا
ژ	ک	ئ	ڼ	ف	ی	ر	ی	ز	ل	ن	ې	م	ټ
څ	ت	گ	ؤ	آ	ک	ر	ټ	و	ک	س	ب	ر	ط
ج	و	ؤ	ٹ	ڈ	چ	ش	ڼ	ص	ف	و	ک	ړ	ژ
ي	ل	پ	ؤ	ی	ث	ڈ	ع	خ	ل	پ	س	ظ	ظ
ڼ	ا	غ	ص	ډ	و	پ	ښ	ا	ح	ړ	و	ی	ژ
ځ	ې	آ	خ	ؤ	ځ	و	ن	ف	ذ	ا	ص	ل	ث
ی	ې	ټ	ک	ا	ر	س	ق	گ	ڼ	ح	چ	ر	غ

الوتکه
امبولانس
بایسکل
بېړۍ
بس
کاروان
انجن
فیری
چورلکه
موټر
لامبو وهونکی
راکټ
سکوټر
شټل
سب میرین
ټکسي
ټایرونه
ټراکټور
ټرک
وین

51 - Flowers

ه	ن	خ	ؤ	ژ	ل	ذ	ډ	ږ	ی	ې	غ	ژ	خ
ن	ی	م	س	ی	م	چ	چ	س	ږ	څ	پ	ذ	ح
ڈ	ل	ب	ز	ش	ر	آ	و	ۍ	ٹ	گ	ت	ؤ	ۍ
ځ	ی	ل	ی	ل	ګ	ق	پ	ا	ب	ګ	م	ا	خ
ج	ړ	ک	ل	س	ل	چ	ړ	ج	ڈ	ل	ل	ژ	ۍ
ص	ن	م	ل	ی	ک	ا	ل	ی	ل	ا	ر	ق	پ
خ	ړ	ړ	ۍ	و	و	و	ې	غ	س	ب	ش	گ	ث
ی	ذ	ک	ج	ڈ	ر	ی	س	ک	و	ک	ن	ا	ر
س	ځ	ڼ	ح	ګ	ث	ک	ن	ر	ۍ	ګ	ن	ی	څ
ب	ا	غ	چ	ه	ب	ن	پ	ړ	ږ	ل	ڼ	ل	ۍ
ط	س	ړ	د	ۍ	ک	ږ	ګ	م	ر	د	ئ	و	چ
ح	چ	ط	ي	ب	ڼ	ی	ا	ټ	آ	س	ق	ګ	ې
و	ج	چ	ز	ز	چ	خ	ي	ث	ز	ت	ګ	ا	غ
ذ	خ	پ	ي	ل	ټ	ا	گ	څ	ح	ۍ	ظ	م	ږ

ګلدستۍ
کلور
ديزي
ډنديلين
بڼيا
هيبيسکوس
يسمين
ليويندر
ليلاک

ليلی
ماګوليا
باغچه
چوپړ
پنبه
کوکنار
ګلاب
لمر ګل
ټليپ

52 - Health and Wellness #1

ل	ظ	ت	ا	ل	ض	ع	ؤ	ل	ا	ع	ف	ڼ	پ
و	ب	د	خ	ن	ه	ډ	ښ	و	خ	م	ت	ي	و
ړ	ا	ی	ظ	و	ع	و	ب	ږ	ظ	ڼ	ږ	ی	س
و	ک	غ	ښ	ت	م	ک	ر	ه	ت	ذ	ق	ځ	ت
ا	ت	ؤ	ا	ل	ح	ی	ا	م	د	ر	م	ل	ک
ل	ر	ب	پ	م	ا	ن	ع	س	و	ر	ی	و	ی
ی	ی	ك	ځ	ر	آ	ی	ډ	ګ	ر	ن	ښ	ږ	ك
د	ا	ط	ح	د	ط	ل	ع	ا	د	ت	و	ډ	ک
ث	ر	ك	ډ	س	ب	ک	چ	ې	ن	ل	ښ	ن	ئ
ې	ټ	م	ف	ښ	ي	ک	و	ډ	ه	ز	ژ	ڼ	ه
ط	ک	د	ل	ې	ل	ش	ا	ع	ص	ا	ب	د	ن
آ	ا	ټ	گ	ن	خ	ح	گ	خ	ش	ټ	ض	ټ	و
ذ	ډ	ډ	ت	ق	ه	ر	ا	ؤ	ډ	ټ	ؤ	پ	ك
ډ	ك	ړ	آ	ك	چ	ج	ئ	ڼ	آ	ځ	ز	څ	د

فعال
باکتریا
هډوکي
کلینیک
ډاکټر
عادت
لوړوالی
هورمونونه
لوړه
ټپ

طبي
درمل
عضلات
اعصاب
درملتون
انعکاس
پوستکی
درملنه
ویروس

53 - Town

غ	غ	ټ	ب	ا	ن	ک	ب	ی	ع	ف	ا	س	ا
ر	د	ر	ت	ی	ا	ت	ر	ئ	ش	ن	ا	ټ	ص
ف	ې	ښ	ص	ص	د	ا	ڈ	ن	ڼ	م	ع	ی	ب
ږ	و	ی	پ	څ	ل	ب	و	ک	ا	ص	گ	ډ	ی
ع	آ	ب	و	ئ	ګ	ت	ئ	ی	ا	ز	و	ی	ک
ک	ت	ا	ب	پ	ل	و	ر	ن	ځ	ی	ڼ	م	ر
م	و	ز	ي	م	ك	ن	و	ی	ر	ڼ	ب	غ	ي
چ	ټ	ښ	ر	ۍ	ه	و	ټ	ل	ج	ا	و	ږ	ح
ګ	ښ	د	ی	ځ	ړ	ت	س	ک	ز	ړ	ژ	ډ	ځ
ا	و	ل	ل	ب	ٹ	ن	ځ	ا	ا	م	ن	ی	س
ل	و	ز	ئ	ک	څ	ه	ر	ر	ړ	ي	ذ	ظ	ٹ
ر	ن	ی	ځ	ن	ر	و	ل	پ	ی	و	ل	ښ	ب
ی	ځ	م	ځ	ٹ	ج	پ	ز	ط	ظ	ک	س	ش	ی
م	ی	ص	ٹ	ږ	ل	ر	ګ	ډ	ی	ی	ا	و	ه

بازار
موزیم
درملتون
ښوونځی
ستیډیم
سټور
لوی پلورنځی
تیاتر
پوهنتون
ژوبڼ

هوايي ډګر
بیکري
بانک
کتاب پلورنځی
سینما
کلینیک
ګلدان
ګالری
هوټل
کتابتون

54 - Antarctica

چ	ا	پ	ی	ر	ی	ا	ل	س	ك	ع	ك	ړ	ب
ا	ذ	ٹ	ې	ئ	ص	ع	پ	آ	ا	د	ك	ې	ې
ړ	ز	ق	ږ	م	م	ن	ر	ا	ل	ت	س	ټ	ژ
ئ	ط	څ	چ	ل	ر	ش	ا	آ	ح	ږ	ن	ږ	ت
ټ	ز	ي	ك	ك	ف	غ	ق	ئ	آ	ظ	م	ه	چ
س	ا	خ	پ	ح	س	ئ	ا	ې	ږ	ف	ه	ک	ت
س	ږ	آ	ډ	ی	ږ	ړ	ژ	ن	گ	ث	ی	څ	و
ګ	ل	ی	ش	ی	ر	و	ن	ه	م	ژ	ف	ب	پ
ت	و	د	و	خ	ه	م	ز	و	و	پ	ا	ټ	و
ث	چ	ښ	ا	ر	ګ	ڈ	م	ه	ا	ج	ر	ت	ګ
ژ	ط	ک	و	ك	ا	ن	ه	ن	ګ	ی	غ	ې	ر
ٹ	ب	و	ب	خ	ض	ک	و	ړ	ن	ل	ج	ن	ا
ذ	گ	و	ه	خ	خ	ی	ي	ص	ك	خ	ج	ت	ف
ګ	ت	ی	م	ل	ع	څ	ی	ړ	و	ن	ک	ی	ي

خليج
مرغان
ساتنه
قاري
کووی
چاپيريال
سفر
جغرافيه
ګليشيرونه
يخ

مهاجرت
منرال
ټاپووزمه
څیرونکی
راکي
علمی
تودوخه
توپوګرافي
اوبه
نهنګ

55 - Ballet

ټ	ث	ث	م	و	س	ح	ړ	ض	ق	ص	آ	ث	ز
ظ	ت	م	ر	ی	ن	ق	ژ	ث	ؤ	ځ	ل	ا	ت
ک	ی	ن	خ	ت	د	ت	ک	ن	ا	ظ	ث	ړ	ټ
ک	م	پ	و	ز	ر	ر	ځ	ڼ	ځ	ك	غ	ن	ک
ژ	آ	ح	ډ	ك	ه	ا	ن	ی	ر	ل	ا	ب	ظ
ځ	ښ	ک	س	گ	ض	ه	ا	ن	ش	و	ل	و	س
ه	ن	و	س	ر	د	م	خ	ن	د	ص	ی	د	ب
و	ر	ي	ړ	ی	آ	ا	ض	ژ	ت	ط	ا	ل	ټ
ک	و	ر	ی	و	ګ	ر	ا	ف	ي	ب	ټ	و	ح
ی	د	ن	ض	ر	ا	خ	ض	ع	گ	ف	س	ظ	ق
ؤ	ط	ه	ډ	ش	ر	ړ	ت	ا	ل	ض	ع	ئ	ژ
ت	ض	ث	ا	ګ	ر	ت	س	ک	ر	آ	ك	ړ	گ
ش	غ	ر	ن	ټ	ق	ی	ډ	س	ت	خ	ر	د	ڼ
ك	ه	د	و	ئ	ا	ړ	ښ	ن	ا	ښ	د	ط	و

هنري
بالرینا
کوریوګرافي
کمپوزر
نڅاګر
څرګند
اشاره
شدت
درسونه

عضلات
سندره
آرکستر
تمرین
تال
مهارت
سولو
ستایل
تخنیک

56 - Fashion

ګ	ب	و	ټ	ی	ک	ا	ی	ح	ظ	ظ	ې	ګ	ؤ
خ	ن	ا	ر	ګ	ز	ص	ږ	ش	ږ	چ	م	ض	ګ
ی	ت	ډ	غ	ی	ڈ	ل	ی	ا	ټ	س	ٹ	ط	ی
ث	م	ر	ل	ژ	ن	ي	ل	م	ع	ع	ص	ر	ي
پ	ا	ر	چ	ه	ه	م	ک	ر	ت	م	ک	غ	ټ
ي	ئ	ی	ق	ر	ك	د	ښ	ې	ۍ	ظ	ږ	ج	ص
پ	ی	ر	ۍ	ز	ئ	ض	ا	ذ	و	ش	ث	ز	ب
ځ	ی	ج	ع	ژ	ٹ	ٹ	ټ	س	چ	ع	ن	ې	ټ
چ	ڈ	ې	ی	ټ	ر	ژ	ږ	ق	ز	ې	ض	م	ت
ږ	ئ	ټ	ر	ج	ح	ا	ن	ډ	ی	ت	ڼ	ۍ	و
ع	ڈ	ي	ر	ڼ	ئ	ن	ؤ	ر	ل	گ	ق	ع	ن
ڈ	ټ	غ	ص	ث	ق	ح	ڼ	ې	ی	ر	ڈ	ۍ	ط
ګ	آ	ث	ک	ی	ج	ا	م	ې	س	خ	ض	ع	ف
ؤ	ڼ	ڈ	ا	ق	ض	آ	ی	ت	چ	ص	ب	ؤ	پ

بوټیک
تنې
جامي
ښکلی
ګنډل
ګران
پارچه
لیس
کم تر کمه

عصري
حیا
اصلي
نمو
عملي
ساده
سټایل
متن
رجحان

57 - Human Body

ض	ښ	ې	ص	ؤ	ذ	ګ	ز	ت	ر	ف	ټ	ز	پ
غ	څ	ډ	خ	ث	چ	ظ	ز	ن	ګ	و	ن	و	ټ
ز	ړ	ۍ	ز	س	ز	غ	م	س	پ	ې	ز	ګ	غ
ن	ص	خ	ث	ت	څ	ق	ن	پ	ښ	ه	ر	ح	ا
ژ	چ	ټ	خ	م	چ	ع	ر	ډ	ل	ا	س	ز	ړ
ح	ې	س	ذ	ض	ڼ	ژ	ش	و	ن	ډ	ې	غ	ه
ف	ذ	خ	ٹ	ض	ع	م	خ	ۍ	ل	ږ	ګ	ت	ږ
ن	ښ	ڈ	آ	ځ	غ	ش	ط	چ	ئ	س	ی	م	و
ۍ	د	ی	ک	ت	س	و	پ	ا	ن	ن	ګ	ي	ا
ح	ك	ر	ؤ	ث	ق	ۍ	ؤ	ث	ۍ	ض	ټ	ک	ګ
ڼ	ڈ	ې	ظ	ف	پ	ا	څ	گ	ش	ه	ت	و	ګ
ؤ	پ	ف	ك	ن	ښ	خ	ی	ص	غ	ن	ع	ډ	د
ل	ږ	و	غ	څ	ډ	پ	م	ك	ږ	ی	ک	ه	پ
خ	ب	ج	ب	ګ	ع	ث	ې	ا	ك	و	ض	ئ	ڈ

زړه
اننګي
زنګون
پښه
شونډې
خوله
غاړه
پوزه
اوږه
پوستکی

وینه
هډوکي
مغز
زنې
غوږ
ږلی
مخ
ګوته
لاس
سر

58 - Musical Instruments

ش	ذ	ج	ږ	ث	ض	ش	ټ	ك	ؤ	ه	ښ	ص	ب
پ	ت	م	ظ	غ	ځ	پ	څ	ث	ص	ا	ن	ج	ن
ی	ګ	ن	و	ګ	ځ	ې	ك	ګ	ج	ر	ذ	س	ر
ل	ن	ډ	ی	ع	ګ	ل	و	ډ	ی	م	غ	ا	و
ی	ؤ	و	غ	ا	س	ۍ	ش	ا	ن	و	س	ی	ب
ډ	ئ	ل	ش	ج	ر	ی	خ	ع	و	ن	م	ټ	م
ن	ل	ی	ا	و	ا	ا	ل	د	ب	ی	ا	ر	ا
څ	ج	ن	ث	ځ	ت	ګ	ل	ی	م	ک	ر	م	ټ
ب	ا	ن	ج	و	ی	ب	ګ	ک	و	ا	م	پ	ك
ه	ا	ر	پ	ن	ګ	د	ك	ط	ر	ك	ب	ذ	ک
ف	ډ	ږ	خ	ا	ظ	د	ح	ا	ټ	پ	ا	پ	ي
خ	ئ	د	ح	ی	ع	ظ	ؤ	ث	ګ	ګ	و	ف	ئ
ي	ع	ږ	ی	پ	د	ک	س	ل	ش	ږ	ث	ډ	ث
ؤ	ث	ګ	ؤ	ي	ګ	ل	پ	ت	پ	ل	ظ	ۍ	ب

بانجو
بیسون
سیلیو
کلارینت
ډول
شپیلۍ
ګونګ
ګیتار
هارمونیکا
هارپ
منډولین
مارمبا
پرک
پیانو
شپیلۍ
ټامبورن
ټرومبون
ټرمپ
وایلن

59 - Fruit

ڼ	ې	آ	ب	ې	چ	ذ	غ	ک	ی	ی	ك	ټ	خ
چ	ک	ی	و	ی	ې	ز	ټ	ې	پ	ې	ج	ذ	ډ
ق	ا	م	ر	ت	ب	ا	ك	ښ	ذ	ی	خ	ت	ش
پ	ا	ی	و	ک	و	ړ	و	ت	ث	ق	څ	ا	ی
ب	څ	ا	ګ	ض	ه	ڼ	م	ش	س	ش	ی	ف	ل
چ	ن	ن	ن	د	ت	م	آ	ا	و	و	ګ	ي	ط
ګ	ل	ن	ا	څ	د	م	ص	ی	ل	ص	م	ج	ۍ
و	ګ	ا	ق	ې	ن	ړ	ک	ا	ا	و	ټ	ن	ټ
ټ	څ	س	ټ	ب	م	ټ	ج	پ	ت	ث	ۍ	ر	ئ
ز	څ	ګ	ی	څ	ی	ك	ظ	ا	ف	ض	ج	ا	ښ
ك	م	ر	ذ	ئ	ا	و	ئ	پ	ش	ګ	ږ	ن	ر
ژ	ی	ؤ	ق	ډ	ر	پ	ډ	ع	ږ	ښ	ګ	ځ	ج
ص	ر	ا	س	ب	ی	ر	ي	ږ	ع	ق	ي	ح	ګ
ج	ف	ژ	ك	ي	ل	ه	س	ع	ك	س	ک	آ	ک

ليمو
آم
خټکی
نښا
نارنجي
پاپایا
شفتالو
امرت
انناس
راسبیري

منه
مندته
ایوکوړو
کیله
بیری
چیری
کو پره
انګور
ګووا
کیوی

60 - Engineering

ړ	ظ	ؤ	ض	ا	ښ	ښ	م	ج	ڼ	ل	ت	ٹ	ع
ٹ	ټ	ث	د	ن	م	ا	ش	ی	ن	ځ	ښ	ز	ڼ
ړ	ټ	ن	ح	د	ژ	ۍ	ڼ	ح	ص	و	ړ	ی	ړ
آ	ض	ي	ی	ا	چ	ع	ښ	ز	ه	ر	و	ژ	ت
ق	ت	ط	ي	ز	ڼ	خ	ف	د	ب	س	ج	ر	ق
ټ	ط	آ	خ	ه	ی	و	ا	ز	س	ر	و	ن	و
ع	ړ	ر	ك	ک	ج	ا	و	م	ا	ی	ع	ا	ه
ډ	ی	ز	ل	و	و	م	ن	ګ	ح	ا	ف	ي	ط
ذ	ق	و	ت	ل	ړ	ا	و	ج	م	چ	ن	ښ	چ
ق	ڼ	څ	ا	ڼ	و	ر	ۍ	ټ	ن	ت	ص	ذ	ڼ
ث	پ	چ	ب	ږ	ل	ګ	ز	ط	ر	و	ح	م	ن
ؤ	ؤ	ص	ث	و	ۍ	ی	ث	د	ۍ	ذ	ې	خ	ډ
پ	ڈ	پ	گ	چ	ڼ	ا	ږ	ب	چ	ذ	ږ	ا	ئ
ن	ط	ڈ	ڈ	ت	ب	ډ	ګ	ی	ر	و	ی	ل	ص

زاویه
محور
محاسبه
جوړول
ژوره
ډایګرام
قطر
ډیزل
انرژی
انجن

ګیر
لیور
مایع
ماشین
اندازه کول
موټر
قوه
ثبات
قوت
جوړښت

61 - Government

د	ؤ	ډ	ا	ټ	ۍ	څ	ج	ت	ر	ق	ٹ	ا	ژ
ا	ب	ټ	ټ	ز	چ	ل	ع	ص	ظ	ؤ	چ	س	ش
ف	ض	ح	ى	ى	ز	ى	ا	ه	ل	و	س	ا	م
ع	ۍ	ټ	ث	ن	ض	ي	ځ	و	ح	ړ	س	س	ش
ع	د	ا	ل	ت	د	و	ل	ت	س	غ	و	ي	ر
ت	ا	ب	ع	ى	ت	م	ل	ت	ت	ل	ل	ق	ب
خ	ز	ې	ق	خ	پ	ل	و	ا	ک	ي	و	ا	س
ض	آ	م	ض	ټ	ش	پ	ت	و	ا	ي	ب	ن	ى
غ	ش	ى	ا	ډ	د	ا	و	ع	ى	ط	م	و	ا
ؤ	ژ	ل	ى	ى	و	و	ا	ل	ى	ن	س	ن	س
ټ	ص	ح	ى	ڼ	ځ	ټ	ى	غ	ض	و	ا	ا	ت
ډ	ى	م	و	ک	ر	ا	س	ي	ج	ن	ض	ج	ت
ى	ز	ح	ف	ړ	ڔ	ڈ	ص	ځ	ث	ا	ن	د	څ
ړ	غ	ز	ځ	ب	خ	ق	ث	پ	ي	ق	ي	ض	ڈ

تابعيت
سول
اساسي قانون
ډیموکراسي
بحث
ولسوالی
یووالی
خپلواکي
قضایی
عدالت

قانون
مشر
آزادۍ
څلی
ملت
سوله ایز
سیاست
وینا
دولت
سمبول

62 - Science Fiction

ل	ر	ږ	ی	ک	ح	غ	ځ	چ	ز	و	ج	ظ	آ
ر	س	ض	ک	ډ	ق	ش	ی	ګ	ګ	ی	ا	ا	آ
ر	ئ	ر	ډ	غ	ږ	ه	ذ	آ	خ	ی	ع	ګ	و
خ	ی	ا	ل	ی	ټ	ن	و	ل	ک	ض	ړ	ګ	ب
ټ	ی	ک	ن	ا	ل	و	ژ	ي	س	ک	ل	ګ	ې
ا	گ	ص	م	م	ک	ب	ب	م	ی	ډ	ګ	ا	و
و	ژ	ۍ	ړ	ن	ا	ا	ي	و	ا	ر	ذ	و	ز
پ	ډ	گ	ی	ی	ر	ت	ظ	ټ	ر	ج	ی	ر	ل
ی	ی	گ	ږ	س	و	ک	ش	ا	ه	ګ	پ	ژ	ه
ا	ت	م	ڼ	ش	ا	گ	ژ	چ	ې	ب	ر	م	ک
ن	ا	و	ل	و	ن	ه	ج	ا	د	و	ګ	ر	ځ
چ	ا	و	د	ن	ه	پ	ی	ړ	آ	ك	ج	ښ	ښ
ډ	ی	س	ټ	و	پ	ی	ا	ې	ی	ض	ؤ	ت	ح
ږ	ل	ی	ظ	ړ	ړ	و	ې	ئ	ڼ	و	ف	ط	ږ

اټومي
کتابونه
سینما
کلون
ډیسټوپیا
چاودنه
اور
بې وزله
ګلکسي
برم

خیالی
جادوګر
ناولونه
اوراکل
سیاره
روبوټ
ټیکنالوژي
اوپیا
نړۍ

63 - Geometry

ه	ب	س	ا	ح	م	ی	ډ	ی	ا	م	ت	ذ	ع
ل	س	ټ	ع	ږ	س	م	ڼ	ظ	ټ	ن	ا	ښ	گ
ډ	ا	ی	ذ	ج	ک	ی	و	ښ	س	ط	و	ک	ر
ړ	ن	ث	ۍ	ڈ	د	ز	م	ا	ق	ق	ا	ع	ی
ت	ت	ڼ	غ	ظ	و	ا	ڈ	ا	ز	ۍ	س	ن	ح
ت	ۍ	ې	ی	ل	ا	و	ړ	و	ل	ي	م	ص	ن
ن	م	ب	ر	ط	ق	ی	خ	غ	ځ	ټ	ک	ب	ر
ج	ج	گ	ګ	ف	ت	ه	پ	آ	خ	س	ظ	ر	څ
ه	ر	ی	ا	د	ی	خ	ې	ث	ك	ش	ط	ی	ی
ص	ۍ	ض	ف	ع	ی	ر	غ	ې	ل	ږ	و	ح	ې
ص	څ	ی	ق	ب	ر	ب	ئ	گ	آ	ګ	چ	ظ	د
خ	ک	ږ	ي	ذ	ڈ	ش	ې	ت	ې	ح	ئ	ځ	ل
ئ	ت	ی	و	ر	ی	م	ث	ل	ث	ې	آ	پ	ن
ڼ	ڈ	غ	ل	څ	ی	آ	ی	ت	چ	ط	ن	ړ	غ

زاويه
محاسبه
دايره
وکر
قطر
بعد
مساوات
لوړوالی
افقي
منطق
ډله
ميديا
نمبر
موازي
تناسب
برخه
سطح
سيمالټ
تيوری
مثلث

64 - Airplanes

ړ	ږ	ک	چ	ؤ	ت	پ	ر	ج	ټ	ۍ	د	ی	ل
ك	ړ	ك	ړ	ث	ی	ز	ی	ذ	و	ر	ن	ي	و
ؤ	ا	ی	ا	ڼ	ط	پ	ف	س	ل	ړ	ج	ږ	ړ
ع	م	ل	ه	ٹ	ص	ډ	س	ق	ی	ژ	و	ش	و
ب	ا	ل	و	ن	ن	ز	و	ل	پ	ڼ	ر	ل	ا
ض	ږ	ی	ت	ا	ج	ث	م	ڼ	ت	ز	د	م	ل
ی	ئ	ت	ګ	م	ن	ې	ت	ښ	ج	گ	ی	س	ی
ی	ګ	ل	ظ	س	ا	ط	ا	خ	ك	ز	ا	ا	م
گ	ن	ت	د	ا	ل	ط	ج	ی	س	ی	ه	ف	ا
ډ	ی	ز	ا	ی	ن	ګ	خ	ر	ګ	چ	ت	ر	ر
ت	ډ	ف	ګ	ض	ځ	ګ	گ	ا	ت	ه	ح	ج	ا
ی	ن	س	گ	غ	ی	ط	ی	ت	ڼ	غ	و	ځ	ا
ټ	ی	ګ	ی	و	ی	ن	ذ	ث	ظ	ن	ږ	ا	ن
ش	ل	ع	م	ط	ف	ب	ص	ړ	چ	ګ	څ	ج	غ

جرت
هوا
اتموسفیر
بالون
جوړول
عمله
نزول
ډیزاین
انجن
تیل
لوړوالی
تاریخ
هایدروجن
لینډینګ
نیویګیټ
مسافر
پیلوټ
اسمان
ناارامی

65 - Ocean

ج	م	ى	ي	ه	ر	م	ت	ا	پ	ډ	ډ	م	س
ى	ا	ش	ئ	ک	ئ	ښ	ا	ح	ز	خ	ښ	ث	ق
ل	ه	ي	ج	ل	ا	م	ع	پ	چ	ک	ش	ك	ن
ى	ي	ع	ي	ا	ى	ښ	ګ	ن	ژ	ك	ې	ځ	ا
ف	ت	ا	ک	م	د	ۍ	ګ	ي	ل	چ	ک	ک	ف
ش	غ	ى	پ	ګ	خ	ا	ف	ي	ر	ى	ت	ر	و
ث	ي	ى	خ	ى	ښ	ن	ي	ف	ډ	و	ګ	ا	ط
د	ر	ل	ث	ډ	آ	ر	ړ	ك	پ	د	ګ	ش	ښ
ص	ع	ا	ى	ۍ	ى	غ	ح	س	پ	ن	ج	ل	ث
ژ	خ	و	ې	ج	غ	ټ	پ	ى	ج	ى	ؤ	و	ك
ڼ	ت	ظ	ډ	ئ	د	و	ا	و	ى	س	ټ	ر	ک
ج	ق	م	ر	ج	ا	ن	پ	ض	ګ	ح	ق	خ	ي
ج	ر	ډ	چ	د	چ	ا	س	د	ب	ې	ک	ص	و
ړ	ص	ث	ى	ټ	ړ	س	ح	ى	ک	ا	ب	ح	غ

الجي
مرجان
چنګاښ
ډفين
ابيل
ماهي
جيليفش
اكتوپس
اويستر
ريف

مالګه
سيندوى
شارک
ميمپ
سپنج
طوفان
تغير
ټونا
كچلي
وال

66 - Force and Gravity

م	ڼ	ڼ	پ	ن	م	پ	ی	ث	آ	آ	ڈ	خ	ف
ک	ر	ح	ٹ	ړ	ن	ت	ر	ا	ش	ف	ي	ط	ز
و	ا	ک	ښ	ی	ڈ	ع	ح	ا	س	ل	د	م	ی
ز	د	خ	ز	و	ل	ر	ژ	ر	خ	ف	ظ	ح	ک
ن	م	ې	ر	ا	ی	س	ث	ض	ک	ت	آ	و	ی
ژ	ر	ض	ض	ل	ب	ی	ظ	گ	ش	ظ	ی	ر	ن
ذ	ښ	څ	ڼ	گ	ك	ط	ك	ی	ئ	چ	ع	ا	ا
ز	چ	ژ	ؤ	ن	ټ	ا	و	ڈ	ٹ	ح	ۍ	چ	خ
پ	ر	ی	ۍ	ی	ه	ن	و	ت	ی	ک	ل	م	ی
م	غ	و	ئ	ځ	ن	ق	ې	ڼ	س	ج	ر	ذ	م
ذ	و	ث	م	ڼ	و	م	ف	ل	ذ	ؤ	ی	ړ	ټ
ع	ڼ	و	د	ۍ	ل	غ	ي	ړ	ټ	ج	ث	ټ	ق
ي	چ	ک	ش	ف	و	م	ؤ	چ	غ	آ	ز	ف	ر
آ	ذ	ړ	ګ	پ	س	و	خ	ت	ت	م	ع	ڼ	ډ

محور
مرکز
کشف
واټن
متحرک
پراختیا
سولونه
مقناطیس
میخانیک
مدار
فزیک
سیارې
فشار
ملکیتونه
سرعت
وخت
نړیوال
وزن

67 - Birds

ف	ع	ځ	ذ	ټ	ع	ي	ج	ر	ټ	ڼ	ر	ې	ك
ل	ك	پ	ې	ب	ن	و	ر	ه	س	ر	ذ	ې	گ
ې	څ	ی	س	و	ا	ن	ظ	ګ	پ	و	غ	ږ	ڼ
ن	څ	ن	ٹ	خ	ک	ق	م	ې	ک	ي	و	ظ	د
ګ	ې	ګ	ښ	ي	ل	ږ	ع	ډ	ب	ر	ه	ا	د
و	ن	و	ئ	ژ	پ	پ	ی	م	څ	ن	ژ	ښ	ط
و	ط	ی	ڈ	څ	ړ	ت	چ	آ	ن	ک	و	ت	ق
ڈ	ږ	ن	ع	ځ	ط	و	ط	ی	ظ	ب	ت	ه	ڼ
ک	ا	ی	ن	د	س	ک	څ	ی	ذ	ن	ت	ګ	گ
خ	ب	ع	ټ	گ	ل	و	گ	ک	ړ	و	خ	ر	ډ
م	ح	ا	ف	ظ	ه	ک	ا	ر	ع	ګ	ی	چ	ؤ
ډ	ب	غ	ص	ه	ی	ل	ې	ې	ط	ز	و	ی	ړ
و	ف	و	ڈ	ا	ز	و	خ	ټ	ض	ځ	خ	ض	ړ
ل	ب	غ	آ	پ	ا	ړ	و	خ	ع	ږ	ر	ټ	ډ

کنري
چرګه
غوغا
کوکو
کښوړ
هیلی
عقاب
هګی
فلېنګو
بته
هرون
محافظه کار
طوطی
طاووس
پلکان
پینګوین
سپک
دبره
سوان
توکن

68 - Politics

غ	س	ك	ظ	ق	ذ	ض	ک	پ	خ	ط	ي	ڼ	چ
ب	ټ	ې	پ	ی	ت	ص	د	ا	ړ	ژ	ډ	ت	غ
ا	ز	ا	د	ي	ش	خ	ڼ	ل	ؤ	س	ړ	د	ص
خ	ض	ص	ې	ل	ۀ	ي	و	ی	ۀ	ذ	د	ت	ب
ت	ص	پ	ب	م	ن	ې	ق	س	ټ	ک	ږ	ۀ	ش
ن	م	خ	ړ	ګ	ی	ژ	خ	ي	ټ	س	ج	ډ	غ
ا	ت	و	ی	ک	ا	ن	د	ی	د	ی	ب	ټ	ب
ن	ظ	ر	ک	ش	پ	ی	ژ	ی	ت	ا	ر	ت	س
ص	ؤ	ج	ؤ	ح	م	ئ	ص	پ	ر	س	م	آ	ګ
آ	ی	س	ډ	ف	ک	م	ی	ټ	ه	ت	ا	پ	ې
ا	خ	ل	ا	ق	ع	ب	ع	ئ	ش	و	ل	ګ	ډ
ی	و	و	ا	ل	ی	ا	ر	خ	ك	ا	ی	ت	ك
ټ	ې	ت	ض	ئ	ف	د	ل	ی	چ	ل	ه	ټ	ف
ض	ش	و	ر	ا	ا	ر	ح	ډ	ا	ږ	ا	ث	ټ

حکومت
ملي
نظر
پالیسي
سیاستوال
شهرت
ستراتیژی
مالیه
بریا

فعال
کمپاین
کاندید
انتخاب
کمیته
شورا
یووالی
اخلاق
ازادي

69 - Nutrition

ر	ګ	ٹ	ق	ن	ز	ا	و	ت	م	م	ذ	و	س
خ	و	ا	ړ	ه	ه	خ	ر	ت	ګ	ډ	ا	ی	ع
ص	ن	ث	ک	ذ	ر	ق	غ	ب	چ	ن	ج	ټ	ل
ر	ئ	ث	ز	ک	ا	ل	و	ر	ي	ز	ن	ا	ه
ع	ا	د	ت	و	ن	ه	ر	م	خ	ت	ک	م	ض
ک	ا	ر	ب	و	ه	ا	ی	ړ	ر	ی	ټ	ی	م
س	ی	ا	ش	ت	ه	ا	ص	م	و	ئ	ک	ن	ف
ك	ت	ک	ك	و	ع	ۍ	م	ځ	ل	ۍ	ک	ړ	ڼ
ځ	غ	ظ	م	ک	ی	ف	ی	ت	ن	خ	ئ	ش	ې
ت	و	ی	س	ا	س	ت	ړ	گ	م	ث	و	ت	ذ
و	ر	ړ	ۍ	ن	ی	ټ	و	ر	پ	ت	پ	ن	ذ
ک	ز	ث	ې	ص	ۍ	ع	م	ص	ا	ل	ح	ې	د
د	ځ	ن	ئ	ئ	ؤ	ی	ا	ټ	ٹ	غ	ئ	ګ	س
ې	ض	ي	ا	ظ	ژ	ز	م	ت	چ	چ	ط	ټ	ح

اشتها
متوازن
ترخه
کالوري
کاربوهایډریټ
خواړه
هضم
تخمر
خوند
عادتونه
روغتیا
روغ
مایعات
پروټین
کیفیت
ساس
مصالحې
زهر
ویټامین
وزن

70 - Hiking

ظ	ش	غ	ډ	ش	ش	ې	آ	ړ	ی	ط	ا	ز	ض
ی	ل	ا	و	و	ت	م	چ	ف	ی	ڼ	و	ې	ږ
ذ	ذ	ڈ	د	ن	و	ر	د	آ	ی	خ	ب	س	ب
ې	ذ	ی	ې	ې	ډ	غ	ث	پ	ح	ل	ه	ع	و
خ	ب	د	ښ	ذ	و	ه	ن	و	ک	ر	ا	پ	ټ
ل	ڼ	ټ	ې	ب	ي	ش	ح	و	ف	ز	ړ	ش	ا
ق	ا	ئ	ڈ	ز	م	ق	ؤ	ځ	ك	م	ټ	ښ	ن
ر	ږ	ر	ګ	ب	ې	ن	س	ب	ڼ	ی	ذ	ټ	ص
ډ	ډ	ب	ښ	ی	ص	ا	ځ	ږ	د	ل	س	ذ	ک
ډ	ك	ڈ	ڈ	و	ې	ق	ن	ې	ط	ق	م	ې	ی
ې	ګ	ع	ی	ډ	د	ر	ر	ی	ت	ا	ې	ر	ړ
ټ	و	ټ	ه	ګ	ا	و	ڼ	خ	ط	ب	ی	ع	ت
ح	ی	و	ا	ن	ا	ت	ن	ه	و	ا	آ	ز	س
ذ	ږ	ف	ت	ږ	د	پ	ډ	ه	ن	و	ر	ط	خ

حيوانات
بوټان
ټوټه
اقليم
لاربښودونه
خطرونه
دروند
نقشه
غر

طبيعت
پارکونه
چمتووالی
غونډه
لمر
ستړی
اوبه
هوا
وحشي

71 - Professions #1

چ	ک	ض	ع	څ	خ	گ	خ	ک	و	چ	ي	ډ	ج
ن	ټ	ل	گ	د	م	ی	ئ	آ	ټ	ج	ق	ؤ	ټ
غ	څ	ف	ۍ	ي	غ	ف	ا	ص	څ	ز	ی	و	ر
ګ	ړ	ا	ې	ګ	پ	ف	ج	ط	ږ	ډ	س	ا	ګ
ك	ڼ	د	ګ	س	ت	و	ر	پ	و	ه	و	ر	ن
ن	ر	س	ښ	ر	ټ	ک	ا	ډ	ب	ښ	م	و	و
ر	ی	ف	س	خ	ې	ط	ئ	ښ	خ	ک	ک	ا	م
ک	ا	ر	ت	و	ګ	ر	ا	ف	ر	ا	ز	پ	س
ن	و	ب	غ	ډ	غ	ټ	ذ	چ	ې	ر	ب	و	ځ
ا	ت	م	ج	ي	و	ل	و	ج	س	ت	ن	ه	ر
ب	ر	ل	ی	ک	ن	و	ږ	غ	و	ن	ا	ی	پ
ن	ن	پ	څ	ا	ر	ن	و	ا	ل	ك	و	ك	ړ
ۍ	ر	ګ	م	ږ	ک	ح	ت	ډ	ز	ف	ي	ل	ص
ص	ی	ۍ	ش	ډ	ث	چ	ځ	ګ	پ	ڼ	ښ	ل	ګ

سفير
ستورپوه
څارنوال
بانکر
کارتوګرافر
کوچ
نځاګر
ډاکټر
سمونګر
جيولوجست

ښکار
زيور
وکيل
موسيقي
نرس
پيانو غږونکی
پلمبر
ارواپوه
خياط
وترنری

72 - Barbecues

م	ر	ګ	ی	ل	ث	ګ	ڈ	ج	ڈ	ع	ږ	ک	س
ا	پ	ي	ٹ	ش	ض	ی	ف	د	م	س	س	ک	س
ش	ړ	ژ	س	ا	س	ل	خ	و	ا	ړ	ه	ډ	ن
و	ط	ې	ب	و	ل	ی	ښ	ه	ګ	ل	ا	م	د
م	ق	ز	ظ	ړ	ګ	ع	ځ	ږ	ت	ع	س	چ	ر
ا	څ	ا	گ	ي	ښ	څ	ف	و	و	ې	ٹ	ر	ه
ن	ق	ی	چ	ډ	و	ډ	ۍ	ل	ر	ښ	ش	ګ	ب
ښ	ل	پ	ې	ک	ح	گ	ن	څ	م	ګ	ط	ه	ا
ړ	خ	پ	ذ	ئ	و	ق	ر	م	ر	ڈ	ل	ف	س
ذ	ح	ق	ر	ت	ث	ز	و	د	چ	څ	ض	ځ	ګ
م	ی	و	ه	ح	ذ	آ	ک	س	ځ	د	ښ	ز	ب
ذ	آ	ف	و	ا	ج	ث	ك	ي	ٹ	ي	ک	ا	ف
ټ	ښ	ژ	ږ	ډ	س	ا	ؤ	ا	ل	ښ	ا	ې	ک
ئ	ړ	چ	ځ	آ	ګ	آ	آ	څ	ې	ذ	ې	ټ	ح

لوږه
چاقو
سندره
پیاز
تور مرچ
سلاد
مالګه
ساس
اوړي
سابه

چرګه
ماشومان
ډوډۍ
څښاک
کورنۍ
خواړه
میوه
لوبې
ګیل
ګرم

73 - Chocolate

و	آ	غ	م	ق	غ	د	ژ	ی	ئ	ح	ډ	ط	ن
ک	ا	ل	و	ر	ي	ب	ه	ر	ن	ي	ر	ف	س
ا	ر	ک	ا	ر	م	ل	ړ	و	خ	غ	ا	ح	خ
ک	ص	ځ	ګ	و	ک	د	ث	ر	ړ	ځ	ډ	چ	ه
ف	پ	ړ	ج	د	ك	ش	ک	ؤ	ڼ	و	ې	خ	ک
خ	و	ن	د	ن	ك	ک	ئ	ك	ص	ؤ	ك	ع	م
ح	ث	ر	ډ	و	پ	ی	و	ب	و	ف	ع	ږ	ډ
آ	ړ	ښ	ی	خ	ا	ف	ڼ	ط	آ	پ	ړ	ی	ش
ی	چ	ك	ع	م	ن	ی	ع	ح	چ	ا	ر	ب	ض
پ	ؤ	ق	ب	ډ	ص	ت	ڼ	ك	ی	ب	ج	ه	ئ
ڼ	م	خ	خ	و	ږ	پ	ۍ	ث	ص	ك	ق	ز	د
ا	ن	ټ	ي	ا	ک	س	ی	ډ	ن	ټ	ئ	ظ	ا
ت	ر	خ	ه	ط	ږ	س	س	ق	ف	ټ	ې	ړ	ن
ۍ	م	ګ	ډ	م	م	پ	ل	ی	ږ	ب	ګ	ژ	ذ

اجزا	انټي اکسيډنټ
ممپلی	بوی
پوډر	ترخه
کيفيت	کاکو
نسخه	کالوري
شکر	کارمل
خوږ	کو پره
خوند	خوندور
خوړل	بهرني

74 - Vegetables

ګ	ک	ک	پ	ط	ټ	ب	م	ق	پ	ب	ه	ړ	ل
گ	ن	ر	ئ	ی	س	ا	ژ	ئ	ز	ا	ی	پ	ل
ژ	ډ	ر	ځ	ک	ل	ن	پ	چ	ل	ظ	ل	ث	خ
س	ل	ا	د	ش	ر	ج	ا	ک	و	ن	ص	ک	ی
ر	و	م	ي	ا	ي	ا	ر	د	ث	ځ	ا	آ	ص
و	ڼ	د	ځ	ب	ب	ن	س	و	ګ	ش	ف	ش	ص
و	ر	ځ	ډ	آ	ف	ځ	ل	م	و	ر	ش	م	ښ
ړ	ص	ئ	م	ه	ځ	ز	ي	ب	پ	ؤ	ف	ی	ص
ه	ش	ۍ	ئ	ن	ح	ک	ز	ا	ی	پ	ه	ن	ش
ع	ا	گ	ر	ر	ج	ا	گ	ز	ټ	ي	ښ	م	ش
ډ	ل	ذ	ګ	ی	ټ	ض	ی	ك	ی	ج	ن	ڼ	ڼ
ی	ي	ڼ	ښ	ټ	ئ	د	ت	ې	ځ	ت	ئ	ک	ض
ش	د	گ	ۍ	و	ک	خ	ر	س	ي	ل	و	م	ځ
چ	آ	ټ	ح	ک	ر	د	ا	ق	ن	م	ظ	ن	ن

هنري ټوک
ګوپی
ګاجر
سلري
بادرنګ
بانجان
ووړه
ادرک
مشروم
زیتون
پیاز
پارسلي
فاصلیه
کدو
مولي سرخک
سلاد
شنه پیاز
پالک
رومي
شالید

75 - The Media

ف	ا	پ	ا	چ	ط	ظ	ف	ل	ښ	ټ	خ	ف	ي
ن	ح	ظ	ئ	خ	ا	ذ	آ	د	ر	ف	ش	ؤ	ص
ډ	ق	ش	س	ځ	ب	ر	ظ	ن	غ	ي	ب	ظ	ګ
ړ	ی	ص	ن	ګ	ت	ا	ي	ل	ل	ي	ک	ډ	ا
م	ا	ج	ص	ی	ر	ټ	ر	چ	و	ا	ه	ی	ع
ف	ق	م	ی	ض	ا	ج	ک	و	ه	ځ	ی	و	ط
ز	ح	ک	ت	ټ	ق	ث	ف	س	ن	ش	ت	ن	آ
ع	ا	م	ه	پ	ل	ج	م	و	و	ه	ض	ب	ق
ز	د	ه	ک	ۀ	ه	ی	ر	د	ن	ت	ع	ن	ص
ر	ا	ډ	ی	و	ل	ؤ	م	ا	ا	م	خ	ؤ	ر
ف	د	ې	ی	ر	ړ	ۀ	ڼ	ګ	ل	و	ژ	ؤ	ګ
ح	ړ	و	ځ	غ	ت	ۀ	ډ	ر	ع	ی	غ	ژ	ض
پ	غ	چ	ۀ	ټ	ک	ظ	ګ	ی	ا	ل	ؤ	آ	ع
خ	ب	ج	ژ	ا	ظ	ژ	خ	ز	ګ	غ	ئ	ز	ګ

اعلانونه
چلند
سوداګریز
ارتباط
ډیجیټل
چاپ
زده کړه
حقایق
تمویل
فرد
صنعت
فکري
ځایي
مجلې
شبکه
اخبارونه
آنلاین
نظر
عامه
راډیو

76 - Boats

ق	پ	ی	ب	ا	ن	ت	ا	ي	ظ	س	ی	ي	ل
پ	ټ	ي	ش	ی	ض	ن	ي	ل	م	ج	ط	پ	ا
ح	ګ	ر	ح	ب	ج	ډ	ی	ن	ښ	ځ	ر	ا	م
ړ	ل	ګ	ګ	ن	ئ	ق	د	ق	ف	ټ	ی	ې	ب
ځ	ی	س	م	ن	د	ر	م	ذ	ړ	ف	ژ	آ	و
ج	ک	ز	ث	ښ	ي	پ	ش	ل	خ	ت	س	ط	و
ښ	ع	ځ	ځ	ی	ڼ	چ	ظ	ذ	پ	ع	ي	ت	ه
ک	ی	ا	ک	ب	ې	ړ	ۍ	ح	ې	م	ن	ډ	و
ڼ	ۍ	ش	ظ	و	ص	س	آ	ز	ټ	ل	د	ل	ن
ر	ت	ض	پ	ی	ږ	ج	پ	ج	غ	ه	د	ن	ک
ۍ	ښ	ط	ی	پ	ع	ص	ي	ځ	ف	ټ	س	ګ	ی
س	ک	ټ	ګ	غ	ز	ږ	ج	آ	ی	ط	ق	ر	ټ
ر	پ	آ	ی	ې	ع	ق	ظ	و	ر	ټ	ي	ږ	ړ
خ	س	ډ	ګ	ټ	ږ	ا	ی	ت	ی	ک	ش	ښ	ج

لنګر
بوی
کښتۍ
عمله
انجن
فیری
کیاک
لیک
تناب
سمندري
سمندر
لامبو وهونکی
سیند
رسۍ
کشتۍ
بحر
ټډ
خپې
بېړۍ

77 - Driving

څ	ج	ټ	ښ	ۍ	ۍ	گ	ص	آ	پ	ې	چ	ګ	ي
ٹ	څ	ش	ر	ټ	و	م	ړ	خ	ؤ	ي	ړ	ټ	ک
آ	ک	ى	ف	ا	ر	ت	ع	ر	س	ل	ئ	م	م
س	ښ	ڼ	ت	ه	ن	و	ک	ى	ر	ب	گ	ى	س
ۍ	ر	ل	ك	ن	ګ	س	ز	ز	ا	ګ	ژ	ف	آ
څ	ک	ځ	ڼ	ډ	ږ	ق	پ	ا	ج	ي	ک	ظ	ئ
خ	و	ژ	ږ	ډ	ښ	د	ج	و	ا	ٹ	ج	ع	ړ
س	و	پ	ى	ا	د	ه	ص	ج	ر	ذ	ج	و	ش
ړ	ط	ن	ي	ن	ف	ځ	چ	ف	ګ	ټ	ؤ	ط	ن
ک	ب	س	د	م	و	ټ	ر	س	ا	ى	ک	ل	ق
خ	ط	ر	ټ	ى	خ	و	د	ى	پ	ح	پ	ى	ش
ز	ق	ک	ر	و	ت	ق	ټ	ل	و	ى	ڼ	ت	ه
ك	ف	ت	ک	ؤ	خ	و	گ	و	ځ	ط	ښ	ڼ	ښ
ت	و	ن	ل	ړ	م	ؤ	ب	پ	ف	ئ	ث	ه	س

پېښه
بریکونه
بس
خطر
تیل
ګراج
ګاز
جواز
نقشه
موټر

موټرسایکل
پیاده
پولیس
سړک
خوندیتوب
سرعت
ترافیک
ټرانسپورټ
ټرک
تونل

78 - Professions #2

ک	ت	ا	ب	چ	ی	خ	ب	ر	ی	ا	ل	خ	ح
ل	ث	ټ	ڼ	س	ض	ب	پ	ئ	ث	ي	آ	پ	ف
ا	ن	ج	ی	ن	ر	ڼ	ی	ص	ف	ک	خ	ق	ی
ن	ج	ط	ئ	څ	ض	و	ل	ښ	ت	ې	و	ج	ل
ج	غ	ظ	س	خ	ډ	ا	و	چ	و	ړ	ظ	ر	س
ژ	ف	ي	ښ	ل	څ	ل	ټ	ج	ې	و	ځ	ا	و
ا	خ	ی	پ	ا	م	ی	ړ	ژ	ص	ې	ن	ح	ف
ی	ن	ج	ځ	ب	ع	ق	ړ	ن	ی	ې	ح	ک	ښ
م	د	ځ	ؤ	ا	ا	ګ	ز	و	ږ	ص	ډ	ب	ی
ی	ع	ږ	و	ز	ل	ز	ش	ؤ	ن	ي	ګ	ز	ژ
ک	ک	ک	ف	ر	ج	ی	ؤ	چ	ا	ک	ب	ګ	و
څ	ا	ص	ي	ړ	ګ	ژ	ب	پ	و	ه	ی	ر	پ
ڼ	س	ت	ث	ن	ح	ر	م	خ	ت	ر	ع	ځ	و
ب	ی	و	ل	و	ژ	ی	س	ت	ک	ش	ف	ي	ه

خلاباز
بیولوژیست
کیمیا
کشفي
انجینر
بزګر
بڼوال
مخترع
خبریال
کتابچی
ژبپوه
انځورګر
فیلسوف
عکاس
معالج
پیلوټ
څیړونکی
جراح
ښوونکی
ژوپوه

79 - Emotions

خ	ح	ل	ي	پ	ی	و	ی	ر	ه	ځ	ف	ق	ي
ض	و	م	ا	ر	آ	خ	آ	ر	د	ډ	ث	ف	پ
ظ	ن	ا	ګ	پ	خ	ش	م	ئ	ا	ر	ا	ض	ی
ږ	ی	ر	خ	غ	ض	ؤ	ن	خ	ب	ح	ی	خ	ن
ګ	ړ	ا	د	و	و	ټ	ن	و	ف	چ	ت	ی	ا
ټ	س	و	ل	ه	ږ	س	ه	ش	خ	د	خ	ې	ب
س	ګ	خ	ا	ګ	پ	ی	ه	ا	ت	ښ	ح	ګ	ر
ت	ن	د	ه	ن	ض	م	ت	ل	ص	ث	ی	څ	ه
ځ	س	ې	ړ	ا	د	ا	ژ	و	ل	ی	ر	چ	م
ذ	ب	ڼ	ب	پ	پ	ر	ن	ل	ش	د	ا	ي	ې
ذ	و	ك	ت	ځ	ب	ا	ګ	ر	ع	ټ	ن	څ	ث
ژ	ر	ط	چ	ن	ک	ب	م	ی	ن	ه	ت	چ	ې
ډ	ه	د	ن	م	ر	ش	ر	ې	ب	ج	ی	ق	ې
ل	ق	ځ	ژ	ی	ض	ڼ	ف	څ	ذ	ځ	ا	ل	س

غوسه
خوشالول
بوره
ارام
منځپانګه
شرمنده
ویره
مننه
مهربانی
مینه

سوله
آرام
راحت
خپګان
راضی
حیرانتیا
خواخوږی
تنده
ارامی

80 - Mythology

ښ	ب	ي	ب	ت	ښ	ق	ر	ٹ	گ	ت	و	م	ز
خ	د	ا	ی	ا	ن	ؤ	ی	ض	ش	پ	ځ	خ	ک
ا	ر	ل	و	ډ	ی	ن	و	غ	ر	ل	ض	ل	ل
ن	ج	و	ض	ړ	ر	د	ن	ت	ذ	غ	ر	و	ت
ت	ی	ی	ڈ	ن	و	خ	ی	غ	ش	ر	ه	ق	و
ق	ټ	ه	ټ	ګ	ا	ل	ی	ب	ر	ی	ن	ت	ر
ا	ق	ن	ت	ي	ن	ح	م	ک	ځ	ږ	ا	ظ	م
م	ڼ	و	ن	ظ	ن	ض	س	ي	ا	ض	س	غ	ړ
ص	ټ	ر	گ	ظ	ج	غ	خ	د	ظ	ټ	ف	خ	ی
ڼ	ښ	و	گ	ږ	ۍ	ک	غ	ې	ږ	و	ا	ښ	ن
ق	ك	ا	ص	ع	ر	ژ	ی	ث	ڼ	ك	ث	ک	ه
ښ	و	ب	د	ط	گ	ظ	ر	ی	ؤ	ق	ذ	چ	ج
ز	ړ	ت	ؤ	ډ	ؤ	ب	ت	څ	چ	ل	ن	د	ن
خ	ت	ت	ق	ؤ	ط	ټ	ش	ی	ا	ت	ل	پ	ت

لرغونی ډول
چلند
باورونه
مخلوق
کلتور
خدایان
ناورین
جنت
اتل
غیرت
حسد
لیبرینت
افسانه
رڼا
هیولا
مړینه
انتقام
قوت
تندر
یرغل

81 - Garden

ٹ	ج	ګ	ر	چ	ډ	ٹ	ج	آ	ف	ص	آ	ف	ظ
ښ	گ	ج	خ	ت	ۍ	ن	ی	س	گ	ې	ح	ك	ي
ج	غ	پ	ئ	ع	ز	ا	ډ	ر	ا	ځ	ي	و	ٹ
ش	ق	ڈ	ص	خ	د	ج	و	ک	گ	ر	چ	ن	ک
و	ل	ګ	ی	ن	ژ	ئ	ا	ټ	ل	ا	آ	ه	ص
ب	ن	چ	ټ	څ	ر	ت	ښ	ر	ئ	ک	ز	ر	و
ش	ل	ن	ر	ړ	ط	ط	ه	ړ	ګ	ی	ذ	و	ٹ
ڼ	ډ	ا	ا	ټ	ج	ر	ظ	ب	ب	س	ڈ	ا	ا
آ	ی	ڈ	م	پ	و	ر	چ	چ	ا	ٹ	ج	خ	ض
ظ	ی	ط	پ	ث	ح	ق	گ	م	ٹ	غ	ئ	س	ظ
ش	ظ	ي	و	ل	م	څ	ك	ن	څ	ف	م	ی	ت
د	ۍ	ځ	ل	ړ	څ	ئ	ٹ	و	گ	ګ	ئ	ځ	ی
ل	ل	س	ی	ل	ن	ی	ښ	ج	ډ	ی	ی	ؤ	ن
ټ	ٹ	ټ	ن	ۍ	ی	ح	ج	ړ	ظ	ٹ	ج	ی	ع

بنچ
بوش
نل
ګل
ګراج
باغ
وابښه
کټ
نلی

چمن
ډند
پورچ
راک
خاوره
چت
ترامپولین
ونه
راځي

82 - Diplomacy

س	ښ	غ	ز	ی	ژ	ٹ	د	ځ	ب	ش	خ	ډ	ث
ډ	ف	ا	ب	غ	ب	م	ٹ	ش	ش	خ	ک	ی	ګ
ت	چ	ا	ر	ش	ې	ڈ	ٹ	ز	پ	ړ	ؤ	پ	ز
ړ	ا	ك	ر	ی	ر	ث	ح	ب	ړ	ه	ل	ل	ژ
و	خ	ش	و	ت	ا	د	ل	ځ	ت	ج	ص	و	آ
ن	ل	پ	ا	ی	ژ	ن	و	ر	ی	ف	س	م	ح
ړ	ا	و	ش	ن	ڼ	ع	ت	س	ا	ی	س	ا	ؤ
ؤ	ق	ت	م	م	ت	ث	ج	ځ	ت	ت	د	ت	ذ
ګ	ه	م	ک	ا	ر	ي	ز	ښ	ل	ا	ڼ	ی	ح
ح	آ	و	و	ټ	و	ل	ن	ه	ا	ص	ن	ک	غ
ي	ش	ک	س	ق	ې	ص	ڈ	م	د	ی	ن	ه	م
گ	ش	ح	ې	س	ټ	د	ې	ر	ع	ئ	آ	ب	ڼ
ڼ	ك	ٹ	ګ	ط	ا	ز	ڈ	ط	ی	ګ	ګ	ؤ	م
خ	ص	و	ر	ط	غ	ښ	ث	ډ	ګ	ڼ	پ	ی	آ

مشاور
سفیر
ښاریان
سوک
ټولنه
شخړه
همکاري
ډیپلوماتیک
بحث
سفارت

اخلاق
حکومت
بشردوستانه
بشپړتیا
عدالت
ژبې
سیاست
امنیت
حل
تړون

83 - Countries #1

ش	چ	ج	ی	د	ش	ذ	ه	غ	ر	ب	ن	ذ	ع
ع	ل	خ	ر	ك	ۍ	ژ	س	ي	ٻ	ڼ	ی	گ	ر
ا	ی	ن	ا	م	و	ر	پ	د	م	ن	ک	ټ	ا
ک	ز	ي	ډ	ض	ن	ک	ا	م	ا	ن	ا	پ	ق
ک	ا	ن	ا	ۂ	ا	ي	ن	ل	ن	ن	ر	ځ	ظ
ځ	ر	ل	ی	ب	ی	ا	ی	ت	ت	ا	ا	ی	ؤ
س	ب	ا	ؤ	ج	ض	ۂ	ه	و	ی	ر	ګ	ڼ	م
گ	ئ	ګ	ټ	ك	م	ۂ	ح	ن	و	و	و	ټ	خ
ت	ف	ن	ث	ي	ر	ج	ۍ	ي	ؤ	ی	ا	ڼ	خ
ی	ژ	س	ن	ح	ا	ف	ن	ل	ن	ۂ	گ	ح	ګ
پ	و	ل	ن	ۂ	ک	آ	ؤ	د	ي	ا	م	ص	ر
و	ظ	ظ	ض	ځ	ش	ا	س	ر	ا	ی	ی	ل	ی
و	ی	ن	ز	و	ی	ل	ا	ي	ب	چ	ي	آ	ی
ا	ی	ټ	ا	ل	ی	ا	ن	ا	آ	گ	و	ش	ی

برازیل
کانادا
مصر
فنلند
جرمني
عراق
اسراییل
ایټالیا
لتوني
لیبیا
مراکش
نیکاراګوا
ناروی
پاناما
پولند
رومانیا
سنګال
هسپانیه
وینزویلا
ویتنام

84 - Adjectives #1

ا	ر	ز	ښ	ت	ن	ا	ک	ي	د	ي	ص	ل	ي
م	ه	م	ښ	ح	ع	م	ا	ق	ي	ر	ن	ه	ح
و	ر	و	ټ	ظ	ى	ي	ط	پ	ډ	ص	و	ئ	ذ
ه	و	ښ	ى	ا	ر	ذ	ع	ل	م	ع	ط	ن	ف
ځ	ف	س	غ	ك	و	ف	و	ش	ق	ج	د	ي	د
ګ	ه	س	خ	ا	ټ	ن	ر	آ	د	ج	ع	ډ	ؤ
ص	ل	ل	چ	ش	ګ	ي	ت	ښ	ي	ګ	ا	ټ	ك
ل	ا	ب	ه	ر	ن	ي	ه	ګ	ټ	خ	ض	ص	پ
ش	ح	د	م	و	د	ن	م	ت	و	ا	خ	س	ر
ا	ش	ى	ق	ص	ذ	ر	ښ	ک	ل	ى	غ	ا	ن
ژ	و	ط	پ	ژ	ک	ى	ت	ا	م	و	ر	ا	س
ګ	خ	چ	ز	ش	ک	ړ	ک	آ	ژ	ۍ	ز	آ	ر
ډ	ت	ژ	ټ	س	ك	ډ	ش	ۍ	ن	ړ	ع	چ	ا
ژ	ع	ق	ې	خ	ط	ص	ش	ت	ى	ا	ر	ه	ب

مطلق
هوښيار
اروماتيک
هنري
كښش
ښکلی
تياره
بهرني
سخاوتمند
خوشحاله
دروند
ګټور
صادق
ورته
مهم
عصري
جدي
ورو
نرى
ارزښتناک

85 - Landscapes

س	گ	څ	ص	خ	ت	ظ	ض	ت	ق	ج	ك	و	ګ
ړ	ا	ث	غ	ؤ	و	خ	ل	ر	ق	ذ	ژ	ز	ی
ط	ط	و	ر	څ	ن	ه	ۍ	ې	ث	ځ	ړ	ظ	ز
ټ	ڼ	ت	م	ص	ډ	ر	ا	ش	ب	آ	د	ق	ر
ڈ	ا	د	ث	پ	ر	د	ن	م	س	ڼ	م	څ	خ
س	ر	پ	څ	ح	ا	م	څ	ټ	ړ	ړ	ل	ی	ک
ٹ	ح	ذ	و	ښ	ی	غ	ع	س	ې	ن	د	ټ	ظ
ډ	ص	ر	ڼ	ه	ډ	ا	س	ا	ح	ل	ث	ا	ض
ګ	ر	ب	س	ی	آ	ر	ئ	خ	ت	و	م	پ	ک
ځ	ی	ح	ب	ل	و	ډ	ن	ی	و	ا	ړ	و	ض
ګ	ش	ډ	ب	ز	ص	ف	ش	ښ	ړ	ې	ړ	و	ا
ق	ی	ځ	ی	ڈ	ڈ	ط	ج	م	خ	س	غ	ز	ل
س	ل	ب	څ	ج	ح	آ	ر	ج	ا	گ	چ	م	ف
ؤ	ګ	ڼ	س	ض	خ	ف	ټ	ر	ز	ت	ې	ه	ټ

ساحل
غار
صحرا
ګیزر
ګلیشیر
هیل
آیسبرګ
ټاپو
لیک
غر

واپس
سمندر
ټاپووزمه
سیند
بحر
ساومپ
تونډرا
دره
ویندول
آبشار

86 - Visual Arts

ا	ن	ځ	و	ر	ل	ی	د	ن	م	ر	ن	ه	م
پ	ڼ	ې	م	د	ف	د	ږ	ط	ې	و	ګ	ډ	ج
ق	پ	ن	س	ل	ؤ	م	ډ	ئ	ټ	ړ	م	ع	س
ا	ړ	ږ	ړ	ح	ع	ذ	ط	خ	ؤ	ې	ص	ظ	م
ل	ط	ږ	س	خ	ص	ح	خ	ل	ا	ق	ی	ت	ه
ب	ف	ؤ	ق	ل	م	ؤ	ځ	ف	ه	ج	چ	ښ	ا
ئ	ک	غ	ف	ږ	گ	ټ	و	ې	ا	ؤ	ې	ږ	م
و	ص	ش	ص	ټ	ث	ن	ټ	و	ګ	خ	و	و	ړ
آ	ق	ر	ښ	ؤ	ک	ی	م	ا	ر	ی	س	ج	ګ
ځ	ږ	ت	ز	ټ	ا	ڼ	ز	ر	ا	س	ؤ	ی	ف
ض	ش	غ	ې	خ	چ	پ	ژ	ن	ک	ګ	غ	ز	ل
ن	و	ك	ی	ټ	م	ط	ي	ش	ا	ق	ن	ع	م
ش	ر	ا	ك	ه	ا	ش	ي	خ	ط	ش	خ	ک	م
آ	ی	ش	س	ح	گ	غ	خ	ظ	ګ	آ	ض	س	ټ

جوړښت
هنرمند
سیرامیک
چاک
ختیه
خلاقیت
کارګاه
فلم
شاهکار
نقاشي
قلم
پنسل
لید
عکس
انځور
مجسمه
قالب
وارنش
موم

87 - Plants

ک	ش	و	ب	آ	ټ	ص	و	ډ	ڈ	ي	ۍ	ا	ث
ح	ؤ	ت	ن	ړ	ط	ګ	ا	ډ	ک	ع	د	ڼ	ج
ص	ړ	آ	ل	ه	ښ	ښ	ښ	آ	ی	و	ی	ا	ی
ی	ی	ئ	ځ	ښ	ې	ق	ه	ب	ن	پ	ك	غ	چ
ګ	ز	ګ	ڈ	ی	ذ	ک	ق	ز	ب	و	ټ	ا	ن
ل	م	ي	ډ	ر	ذ	د	ف	ڼ	ڈ	چ	ڈ	ب	ظ
ګ	خ	ٹ	ت	خ	ف	ج	ن	ب	ا	ت	ا	ت	غ
ن	ع	ي	ي	ۍ	ر	گ	و	و	ب	ن	ړ	ک	ف
ځ	س	ګ	ل	ښ	ث	د	ل	س	ن	ا	ب	ا	ب
س	پ	ی	ا	ژ	ط	ټ	م	ئ	ټ	ف	ع	ګ	ډ
ژ	ړ	ڈ	س	ر	ې	ڼ	ا	پ	ژ	ک	ب	ع	ث
ل	و	ب	ی	ا	ر	و	ل	ف	ګ	ص	ی	ٹ	ښ
ژ	ڈ	ظ	ط	ك	ڼ	ا	ئ	ج	ڈ	ا	ر	ک	ك
ک	ص	ذ	ټ	ث	ث	ت	ښ	ډ	ت	ژ	ی	ړ	ش

بانس
لوبیا
بیری
بوټان
بوش
کیکټس
سرې
فلورا
ګل
پاڼي

ځنګل
باغ
واښه
آی وی ای
جوس
پنبه
ریښه
ډډ
ونه
نباتات

88 - Boxing

ح	د	ئ	ر	ز	ي	ر	ش	ج	ګ	ځ	ب	ز	د
ك	ۉ	ق	ط	چ	و	ۍ	ق	ظ	ړ	د	ش	ل	ږ
ر	ی	ع	ف	ژ	ئ	د	ډ	ج	ن	ج	ن	و	ک
ژ	ډ	د	ډ	ی	ض	غ	س	ظ	د	ت	ض	غ	ی
م	ه	ا	ر	ت	و	ق	ز	ت	ی	ږ	م	و	ک
ی	غ	ج	ړ	پ	ز	ح	ج	ډ	ک	ك	ړ	ر	ټ
ئ	ع	ش	د	ټ	ک	ي	ك	ن	ر	ش	ذ	ړ	ط
ت	ج	ګ	خ	ث	ف	ړ	ب	ټ	ګ	ئ	ې	ن	ز
پ	ی	ځ	ۉ	ږ	ل	ۍ	ی	و	ش	ی	ړ	ت	س
ي	ی	ړ	ز	پ	ا	ه	ن	و	پ	ټ	ا	ې	څ
ن	ڼ	ڼ	ټ	ۉ	خ	ږ	د	ل	ب	و	چ	ل	ی
ظ	ل	ډ	ف	ت	م	ړ	ب	ت	ث	م	ط	ۉ	ی
ن	ږ	ط	ج	ش	ذ	ل	ش	ټ	ګ	ن	ۉ	ښ	ب
ص	م	ډ	ن	ژ	س	خ	ی	ض	ذ	ص	ع	ط	ۉ

دستکشي
ټپونه
کیک
مخالف
ټکي
ګړندی
روغول
مهارت
قوت

بل
بدن
زني
کونج
ږلی
ستړی شوی
جنګیالی
موټی
زير

89 - Countries #2

ا	آ	ت	ج	ض	س	ژ	س	ډ	م	څ	ٹ	ټ	ژ
و	س	و	ا	ل	و	ذ	و	چ	ث	ک	پ	ت	ف
ک	ک	ث	ی	ا	م	ط	ر	ع	ي	ډ	ؤ	ۍ	ګ
ر	ا	ی	ر	پ	ا	ع	ی	ا	ن	ڈ	ش	ش	ظ
ا	ا	و	ب	ی	ل	ا	ه	م	ژ	ك	ق	ظ	ض
ی	ی	ن	ی	ن	ی	ی	ا	ش	غ	ګ	ی	غ	ل
ن	پ	ا	ل	ر	ا	ر	ا	ی	ن	ا	ب	ل	ا
ح	و	ن	و	ی	ک	ی	ق	ق	ا	ک	ی	م	ج
ړ	ت	س	ټ	و	ر	ج	ڼ	و	ک	ی	س	ک	م
ښ	ی	م	پ	ګ	ک	ی	ر	ڈ	ي	ټ	ی	ا	ه
ه	ا	آ	ل	ن	پ	ا	ک	س	ت	ا	ن	غ	ګ
ځ	ص	س	و	ډ	ا	ن	څ	ڈ	گ	ا	ي	ب	د
ۍ	ل	ب	ن	ا	ن	ا	پ	ا	ج	ئ	ط	پ	ل
ټ	ث	ئ	ی	ې	ل	ې	ع	ص	ټ	م	ش	ر	ي

البانیا
ډنمارک
ایتوپیا
یونان
هایتي
جمیکا
جاپان
لاوس
لبنان
لیبریا

مکسیکو
نیپال
نایجیریا
پاکستان
روسیه
سومالیا
سوډان
سوریه
یوګندا
اوکراین

90 - Ecology

د	ض	ع	س	ث	ګ	د	ۍ	ذ	ړ	غ	ځ	ڈ	ل
و	ل	ش	ر	ا	م	خ	ې	ذ	ز	ر	ږ	پ	چ
ا	خ	گ	چ	م	ژ	ج	ط	ط	ب	و	ډ	ي	غ
م	ي	ع	ی	ب	ط	و	ب	ق	ا	ن	ي	و	ی
د	ل	و	ن	ډ	ج	چ	ی	ړ	ذ	ه	ض	ف	ل
ا	ا	ن	ې	ر	ک	ع	ژ	ښ	ق	ٹ	ج	ل	غ
ر	ک	ت	ن	ث	ې	ح	ږ	ې	ؤ	س	ن	و	ب
ه	چ	چ	ل	ټ	چ	گ	ن	ی	ر	ا	م	ر	ز
م	و	ي	و	ا	ق	ل	ی	م	ظ	خ	پ	ا	ل
ځ	ې	ړ	ټ	ط	ب	ی	ع	ت	ڈ	ظ	ز	ڈ	ښ
ډ	ې	غ	چ	آ	ژ	ت	ۍ	ن	ب	ا	ت	ا	ت
غ	ړ	ؤ	ف	ژ	ږ	خ	و	ح	ق	چ	ن	ٹ	ړ
ت	ج	ف	ث	ؤ	ع	خ	پ	ذ	ک	ښ	پ	ح	ڈ
ذ	خ	ج	ر	ض	ا	ک	ا	ر	ا	ن	ئ	ص	پ

اقليم
تولنې
تنوع
وچکالي
ژوی
فلورا
مارين
مارش
غرونه

طبيعي
طبيعت
سرچينې
ډول
بقا
دوامداره
قسم
نباتات
رضاکاران

91 - Adjectives #2

ئ	ض	م	د	ک	ذ	ی	ګ	و	ك	ګ	آ	م	ی
ې	ډ	ا	ل	ۍ	ش	و	ې	ږ	ښ	ټ	ح	ي	غ
ڼ	ر	و	ه	ش	م	ن	ث	ی	ث	و	ن	س	ږ
م	چ	و	غ	و	ر	ۍ	ن	ر	غ	ر	س	ح	ټ
ش	ا	ج	پ	ؤ	ګ	ل	م	و	ي	ر	ر	ذ	ډ
ت	گ	ح	ک	ه	ق	ئ	ا	ح	ن	ق	و	ل	ط
ف	ی	ص	د	س	ړ	ط	ل	ش	و	ط	و	ر	ب
ص	ط	ت	چ	ص	ی	ز	ګ	ي	ښ	آ	ج	ي	ی
ی	ڼ	م	س	ؤ	ل	ک	ه	ټ	ت	خ	و	ب	ع
ل	ئ	ډ	ص	ر	ک	ر	ح	پ	ګ	ر	و	غ	ي
ي	ط	ا	ډ	ڼ	ښ	ه	ص	ك	ر	ط	چ	ډ	آ
ق	ډ	ږ	ش	ګ	ض	ض	ډ	ی	ی	ن	ۍ	ظ	و
و	ښ	ل	ن	ې	ی	ع	ګ	ټ	ۍ	ر	ف	ع	خ
ذ	و	ی	ز	ژ	ص	آ	ئ	ظ	ټ	گ	ړ	ع	گ

کره
نوښتګر
تفصيلي
وچ
ښکلی
مشهور
ډالی شوې
روغ
ګرم
وړی

په زړه پورې
طبيعي
نوی
ګټور
غرور
مسؤل
مالګه
خوب
قوي
وحشي

92 - Math

پ	ش	ئ	ض	ك	ض	ډ	ت	ک	ل	ك	ړ	ې	ش
و	ر	ڈ	م	م	ځ	ی	ی	س	ن	و	ړ	ا	م
ړ	ړ	ا	م	ر	ب	ع	ق	ر	غ	ی	چ	گ	ې
ا	ښ	ؤ	ی	ئ	ط	چ	ط	م	و	ا	ز	ي	ر
ن	ښ	څ	ر	م	ک	ط	ر	ه	ښ	ر	ث	ب	ې
ګ	ل	چ	ټ	ج	ی	چ	ت	ق	ی	س	ا	ا	ك
ې	ې	ت	ی	ح	آ	ټ	ف	ل	ی	ط	ت	س	م
ح	ښ	ڈ	م	ك	ی	ث	ر	ح	ق	ټ	ن	ح	ض
ط	س	ر	و	م	خ	ك	ښ	ه	ب	س	و	ک	ق
ل	ڈ	ځ	ی	س	ی	م	ا	ل	ټ	ا	ګ	ل	ش
ن	س	ث	ج	م	س	ا	و	ا	ت	ی	ی	م	م
ق	ظ	ي	ش	س	ڈ	څ	م	ث	ل	ث	ل	څ	څ
چ	ك	ف	ز	ط	ص	ټ	ل	ؤ	ظ	و	و	س	ئ
ڈ	ۍ	ظ	ظ	ط	ی	س	څ	ړ	پ	ی	پ	ړ	م

حسابي
حلقه
لسیز
قطر
مساوات
مخکښه
کسر
جیومیټری
شمېرې
موازي

پرایمیټر
پولیګون
وړانګې
مستطیل
مربع
ټول
سیمالټ
مثلث
حجم

93 - Water

و	ض	ګ	ع	ك	م	ب	ځ	پ	ت	پ	ب	ف	م
ی	ا	ل	ص	پ	و	ی	گ	ف	ص	آ	ا	ت	ې
ک	ړ	و	ک	چ	ن	ا	ف	و	ط	س	ر	ب	ا
ا	ص	ک	ر	ئ	س	ډ	پ	ږ	ځ	ی	ا	خ	ۍ
ځ	ج	ه	و	ه	و	ؤ	ف	ې	س	ل	ن	ی	ټ
ۍ	ا	ب	ا	ط	ن	ۍ	ژ	ف	ر	ا	ر	ل	خ
ل	ف	و	ش	ر	ذ	ح	ص	پ	ط	ب	م	ی	ڼ
خ	م	ا	ۍ	ن	م	ي	ي	ف	و	ن	خ	ن	ؤ
ګ	ی	ز	ر	ث	م	ړ	ځ	ګ	ب	ن	د	خ	ی
ڼ	ټ	ې	پ	ک	ا	ن	ا	ل	ت	م	ع	ی	ڼ
ؤ	س	س	م	ن	د	ر	ز	د	ٹ	ٹ	غ	څ	ن
ح	ت	ي	ي	ظ	ن	څ	پ	ې	م	ل	ی	ک	څ
ي	ط	خ	خ	س	ي	ژ	ن	آ	ئ	ښ	ق	ش	ص
ث	څ	ب	ژ	ش	س	ذ	ن	ب	ږ	ڈ	ؤ	ب	ز

کانال
نم
تبخیر
سیلاب
یخ
ګیزر
رطوبت
طوفان
یخ
اوبه کول

لیک
مونسون
سمندر
باران
سیند
شاور
واوره
سټیم
څپې

94 - Business

آ	م	گ	ټ	ه	ٹ	ی	چ	ط	پ	غ	ب	ک	ع
پ	غ	ځ	ښ	ټ	ک	ظ	د	ی	ا	ع	و	ط	ج
ئ	ت	ج	ف	پ	ظ	ل	ف	ص	ن	ض	د	ړ	ړ
ک	د	ظ	ر	ک	ط	گ	ض	خ	ګ	ه	ی	م	ښ
ك	ا	ٹ	ی	ځ	ز	ڼ	ؤ	ر	ه	ک	ج	د	ت
ڈ	ص	ر	د	ف	ت	ر	ت	څ	ا	ی	ه	ؤ	ب
ن	ت	ش	م	ا	خ	پ	و	ل	چ	ر	ل	ن	ځ
ع	ق	پ	ر	ن	ث	ی	ک	ا	و	ب	آ	ا	ض
ع	ا	ف	چ	ک	د	س	ي	و	ن	ا	ګ	ک	م
ل	ګ	ښ	ت	خ	ت	ې	ي	ټ	ه	ف	ج	و	د
م	ع	ا	م	ل	ه	ڈ	ؤ	ړ	ڈ	ي	ئ	د	ق
س	ي	ړ	ا	س	ع	ا	ر	و	م	ک	ې	ب	چ
م	ک	خ	خ	ا	ن	چ	ب	ط	س	غ	غ	ا	ك
ض	ټ	ع	ې	غ	ذ	ت	خ	ف	ی	ف	ڼ	س	ف

باس
بودیجه
شرکت
لګښت
اسعارو
تخفیف
اقتصاد
کارمند
فابریکه
عاید

پانګه اچونه
مدیر
توکي
پیسې
دفتر
ګټه
خرڅلاو
دوکان
مالیه
معامله

95 - The Company

ا	ع	ک	ق	ع	ا	ی	د	ک	ح	ح	د	ث	ۍ
ت	ت	ا	ن	ا	ح	ج	ر	ی	ی	س	ب	س	ك
ر	پ	ر	ږ	ب	ط	ط	چ	ه	ګ	ف	ټ	ث	پ
و	م	ر	ډ	څ	ق	ض	ي	ن	ت	و	ی	ی	س
ا	ح	ښ	ی	ج	ا	ک	ږ	و	خ	ذ	ډ	ت	ر
ح	ص	د	آ	ز	م	ي	ښ	چ	م	ۍ	ع	ع	چ
د	و	ډ	ش	چ	ن	ش	ر	ا	ر	س	ږ	ن	ی
و	ل	ذ	ډ	ف	ا	ټ	ت	ه	پ	ش	ل	ص	ن
ن	ک	گ	ي	پ	ک	م	ش	ګ	ښ	ت	غ	ک	ې
ه	ج	ع	ز	ږ	م	ګ	ه	ن	و	ر	ط	خ	ي
ا	ت	ښ	ؤ	ی	ا	ل	ش	ا	ړ	ه	ع	ی	ې
پ	ر	ی	ک	ړ	ه	ې	ذ	پ	ې	ش	و	غ	ړ
و	ج	ص	ډ	س	و	د	ا	ګ	ر	ۍ	گ	ډ	چ
ښ	ض	ص	ۍ	ک	ډ	ؤ	ج	ن	و	ښ	ت	ګ	ر

سوداګرۍ
نوښتګر
پریکړه
کار
صنعت
پانګه اچونه
امکان
پریزنټېشن
محصول
مسلکي
پرمختګ
کیفیت
شهرت
سرچینې
عاید
خطرونه
رجحانات
واحدونه

96 - Literature

ږ	ع	ث	ز	ؤ	س	خ	د	ډ	ن	ڼ	م	ف	ر
ر	ي	ش	ظ	آ	د	و	ك	ظ	ح	گ	ئ	س	ؤ
ئ	ک	ع	و	ض	و	م	ا	ن	ت	ق	ا	د	ث
ۍ	ې	ر	ب	خ	ب	ك	ؤ	ج	غ	ش	ۍ	ډ	ج
ل	و	ک	ه	ل	ت	ر	پ	ن	س	م	پ	چ	م
ه	ی	ف	ا	ق	ط	ن	ز	ت	ج	ټ	ي	ل	ځ
ز	ف	ژ	پ	آ	س	ر	ص	ټ	ی	ۍ	ا	ز	و
څ	ط	ړ	و	پ	ح	ظ	ل	ځ	ص	ډ	غ	ی	ه
د	پ	ا	ی	ل	ه	ن	ن	ش	ن	ا	و	ل	ل
ت	ف	ص	ی	ل	ا	ت	ا	س	ت	ع	ا	ر	ه
ط	آ	ږ	ې	ر	ه	ن	ا	ر	ع	ا	ش	ډ	ظ
ږ	ط	ډ	ر	ۍ	ش	ل	ا	و	ک	ی	ل	د	ئ
ذ	ګ	گ	ك	ښ	ح	ځ	س	ي	ئ	ئ	ڼ	ط	ا
ي	ځ	ئ	ح	ټ	ك	ې	آ	ب	ف	ش	ش	غ	ی

انالوژی
شننه
طنز
لیکوال
پرتله کول
پایله
انتقاد
تفصیل
خبري
فکر

استعاره
ناول
نظر
شعر
شاعرانه
قافیه
تال
ستایل
موضوع
غمیزه

97 - Geography

س	ر	و	ز	ر	ج	ړ	ص	ض	ژ	ډ	ظ	ف	د
ع	ز	ج	ص	ل	ښ	ټ	ټ	ؤ	ع	ح	ي	س	ص
ج	ر	د	ش	ډ	و	څ	ۍ	ب	ض	ۍ	ص	ڼ	خ
ن	ا	ض	ر	ښ	ئ	ټ	گ	ز	ک	ړ	ك	ب	ل
و	ښ	و	ا	م	ر	ی	ډ	ی	ا	ن	ح	ح	ه
ب	غ	ز	س	ل	ط	ا	ڈ	ټ	ا	پ	و	ر	ی
ق	ځ	ق	ح	پ	ب	ک	گ	ا	ی	ف	غ	ظ	م
ګ	ا	ښ	ب	ت	ی	ل	ا	و	ړ	و	ل	ح	ی
ښ	و	ر	غ	چ	ډ	ث	د	ه	ی	و	ا	د	س
ڼ	ت	ف	ې	س	خ	ی	ن	م	ش	ر	م	ص	ف
ي	س	ح	چ	م	چ	ي	ي	ی	ک	ق	ش	ع	ی
غ	ا	ړ	ب	ن	گ	ټ	س	س	څ	ګ	ن	ق	ر
س	پ	ځ	ی	د	ی	و	ل	ق	ش	غ	ر	ك	ڼ
غ	ث	ز	ؤ	ر	ځ	ل	آ	ڈ	ح	م	ح	ی	غ

لوړوالی
اطلس
ښار
قاري
هیواد
استوا
هیمیسفیر
ټاپو
عرض البلد
نقشه

مریډیان
غر
شمال
سمندر
سیند
بحر
جنوب
سیمه
لویدیځ
نړۍ

98 - Jazz

ز	ك	ی	س	ټ	ا	ی	ل	د	خ	و	ښ	ې	و
ټ	ی	ن	ګ	ا	ر	ز	و	پ	م	ک	ل	ړ	ك
ح	غ	ږ	و	ت	و	د	ر	ئ	ی	ی	و	و	ب
ا	ؤ	ډ	ي	ئ	ه	ص	ث	ی	ه	ن	ژ	ی	س
س	ی	ښ	ځ	ك	ش	ي	ګ	ې	ن	خ	ظ	ړ	ط
ت	ی	ت	چ	ځ	م	ح	ع	ص	ر	ت	ق	ډ	څ
ع	ڼ	ښ	خ	ظ	ټ	ځ	ژ	م	م	ږ	ږ	ذ	ت
د	آ	ړ	ت	م	ډ	ث	ز	ګ	ن	ټ	ښ	س	ش
ا	س	و	ح	ذ	ر	ب	خ	ک	د	ی	س	ن	آ
د	ی	ج	ز	ی	پ	پ	ش	ړ	ا	م	ض	د	ف
آ	ر	ک	س	ت	ر	چ	ي	آ	ې	ل	ث	ر	ن
ډ	ې	ت	ر	س	ن	ک	ز	ډ	ر	م	ب	ه	و
ډ	ړ	ا	ا	د	ت	ا	و	ډ	ا	ی	ژ	م	ی
ډ	چ	ل	ژ	ا	ن	ر	ړ	ړ	ټ	چ	ځ	ف	ی

البم	پرمختیا
هنرمند	نوی
کمپوزر	زوړ
جوړښت	آرکستر
کنسرت	تال
ډرم	سولو
ټینګار	سندره
مشهور	سټایل
د خوښي	استعداد
ژانر	تخنیک

99 - Vacation #2

س	ژ	ې	س	آ	ژ	ګ	ع	ٹ	ق	ر	ک	ظ	ك
ا	ث	پ	آ	م	س	ړ	و	ف	ږ	س	آ	ظ	ڼ
ح	م	خ	ډ	ئ	خ	ك	ت	ر	ص	ت	د	ك	پ
ل	ټ	و	ه	ح	پ	ك	ع	ص	ګ	و	ح	ك	ظ
د	ر	ڼ	م	ت	ڈ	ږ	ع	ت	ګ	ر	پ	ې	گ
ډ	ج	ڈ	ی	س	ف	ر	ک	گ	ض	ا	ص	ا	ٹ
ی	ر	غ	خ	ق	چ	غ	س	ط	ح	ن	ف	ي	ټ
ط	ر	ګ	ډ	ی	ی	ا	و	ه	ګ	ت	ب	ح	ر
ې	ر	ر	ې	گ	م	ڼ	ن	ط	ح	ط	ب	ټ	و
گ	چ	خ	ن	څ	ش	ن	ه	ن	و	ر	غ	ق	پ
ك	ژ	ص	ڼ	ق	ژ	ئ	ز	ظ	ئ	ظ	ی	ب	س
ې	ۍ	ت	ك	ج	ش	س	ی	ل	ت	ټ	ع	ف	ا
ی	ج	ي	س	ک	ټ	ه	و	ګ	ك	ل	ظ	چ	پ
ټ	ر	ا	ن	س	پ	و	ر	ټ	ژ	ځ	آ	ي	ګ

هوایی ډګر
ساحل
منزل
رخصتي
هوټل
ټاپو
سفر
فرصت
نقشه

غرونه
پاسپورټ
عکسونه
رستورانت
بحر
ټکسي
خیمه
ټرانسپورټ
ویزه

100 - Electricity

ت	ڼ	ر	ش	پ	ذ	ئ	پ	ځ	پ	ۍ	پ	ص	س
ل	ب	ی	ک	ی	خ	پ	م	ع	گ	څ	ی	ل	ې
و	ی	ث	ی	ځ	ی	ډ	ز	ځ	ږ	ع	ۍ	ن	خ
ی	ق	ت	م	ذ	ر	ق	آ	ؤ	خ	د	ئ	ر	ك
ز	ع	ض	ي	ب	ه	ن	و	ر	ا	ت	ض	گ	ې
ی	ځ	څ	س	ګ	ي	د	ؤ	ی	ض	ص	ب	ږ	ر
و	ظ	ې	ن	و	ف	ی	ل	ټ	ی	چ	ۍ	ث	ټ
ن	ح	ه	م	ق	ن	ا	ط	ی	س	ب	ر	ق	ی
س	ا	ک	ټ	ئ	م	گ	ږ	پ	ب	ض	ټ	ژ	ن
م	ذ	ب	م	س	ګ	ا	ر	ز	ی	ل	ی	ض	ا
ښ	ق	ش	ګ	ض	ت	ح	ک	ٹ	ې	ګ	ب	ڼ	ج
ٹ	ښ	د	ۍ	ې	د	ق	ظ	ض	ئ	ث	ظ	ض	ټ
م	ث	غ	ا	ر	څ	ډ	ض	خ	ټ	ا	ع	خ	ع
ف	ع	ا	ڼ	ر	ض	آ	ض	ک	خ	ص	ی	آ	ب

بیټرۍ
بلب
کیبل
برقی
جانیټر
څراغ
لیزر
مقناطیس
منفي

شبکه
مثبت
مقدار
ساکټ
ذخیره
ټلیفون
تلویزیون
تارونه

1 - Antiques

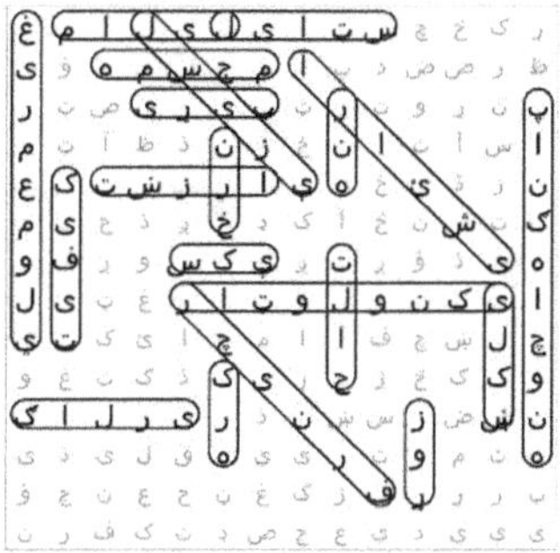

2 - Food #1

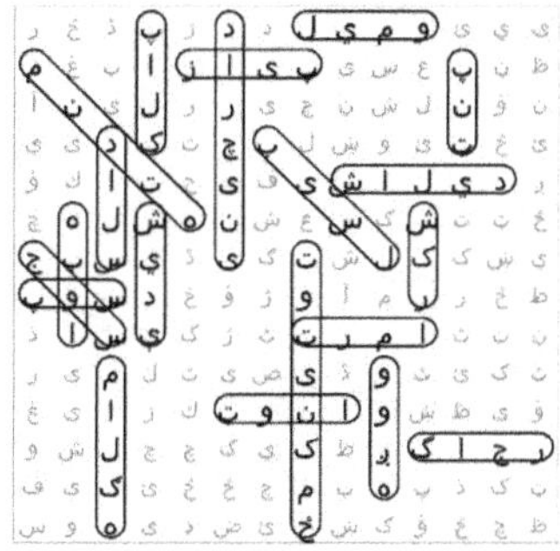

3 - Measurements

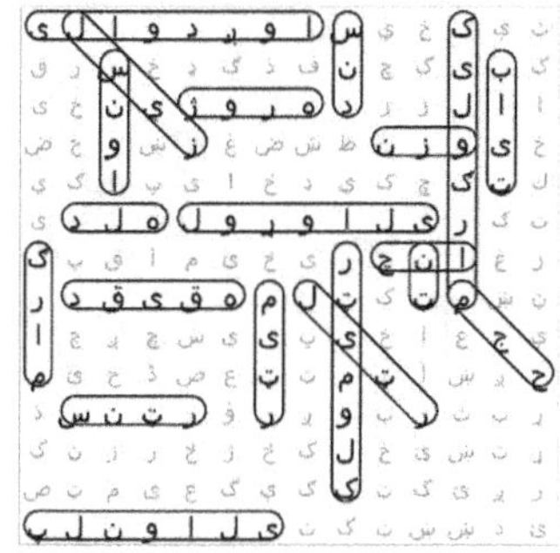

4 - Farm #2

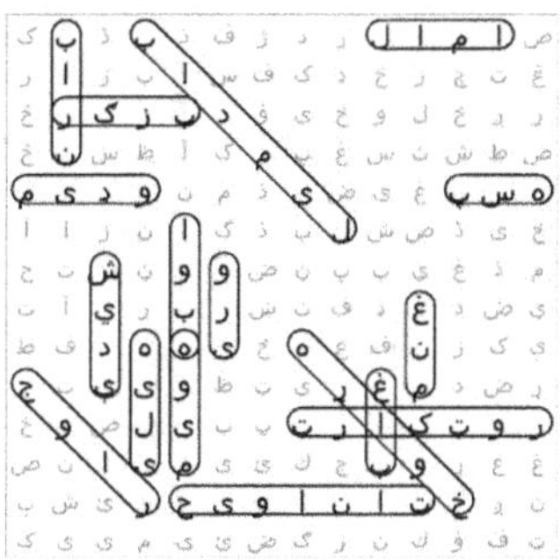

5 - Books

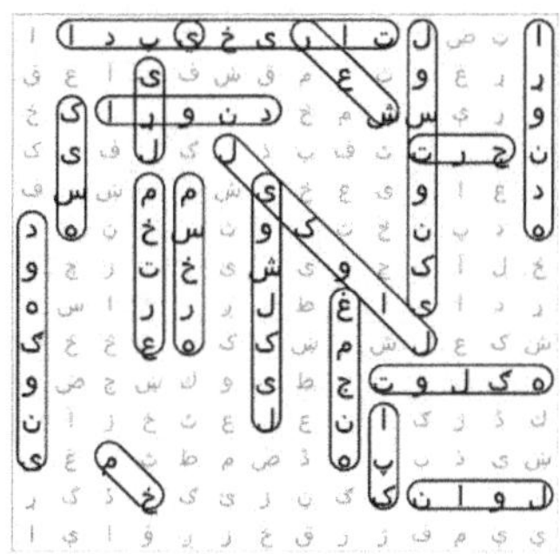

6 - Meditation

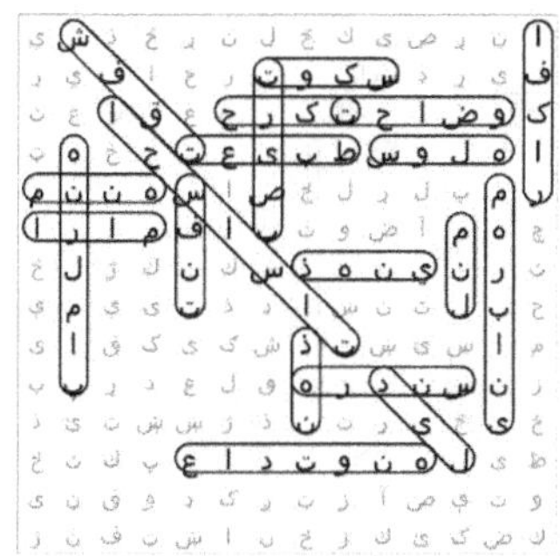

7 - Days and Months

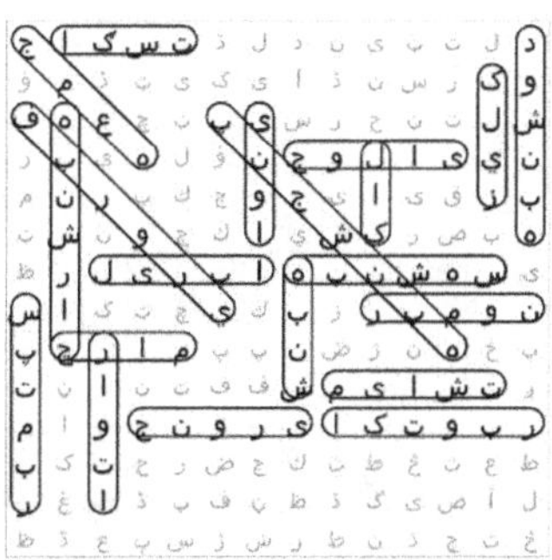

8 - Energy

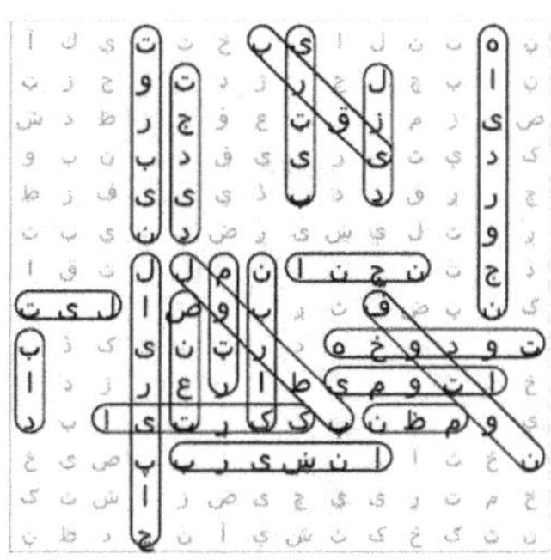

9 - Chess

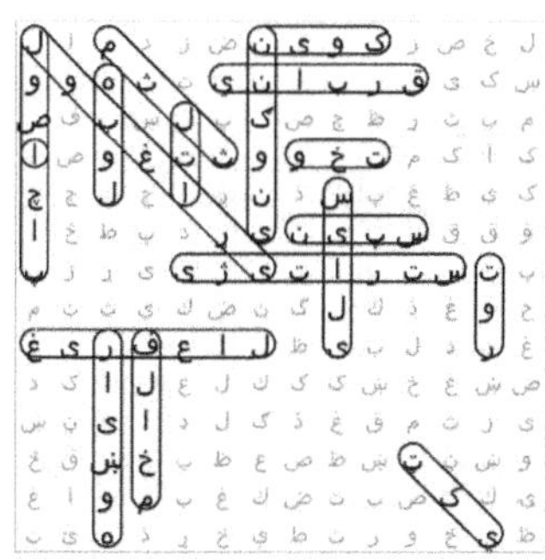

10 - Archeology

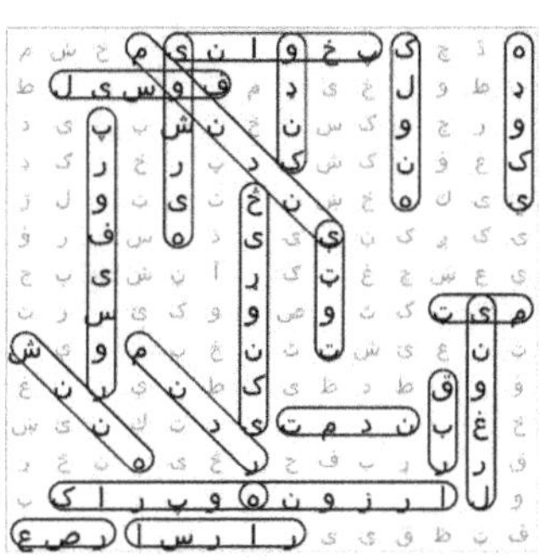

11 - Food #2

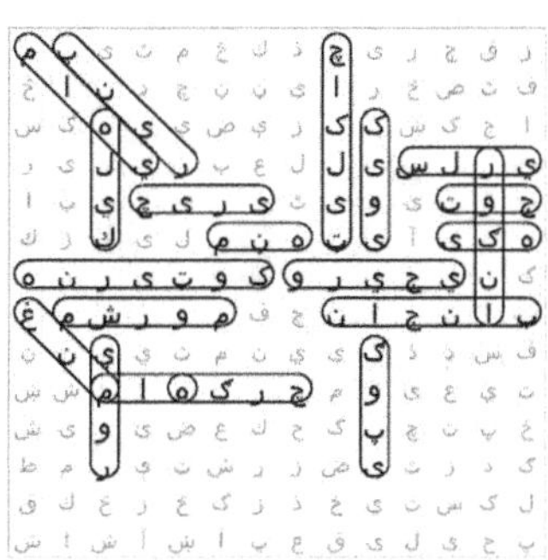

12 - Chemistry

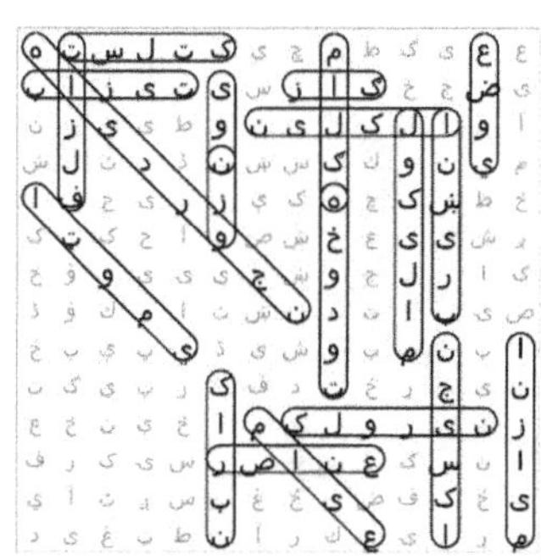

13 - Music

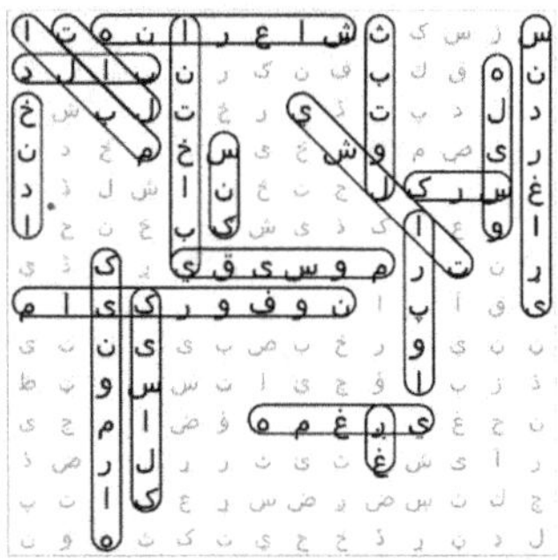

14 - Family

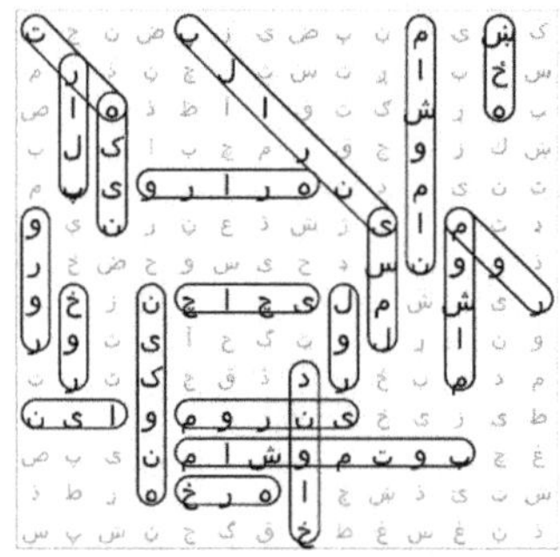

15 - Farm #1

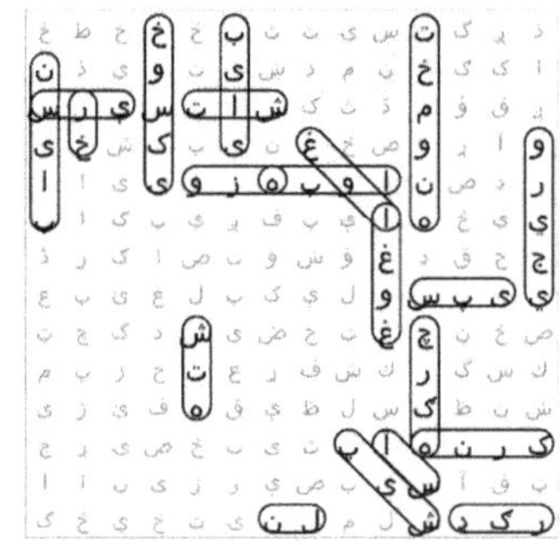

16 - Camping

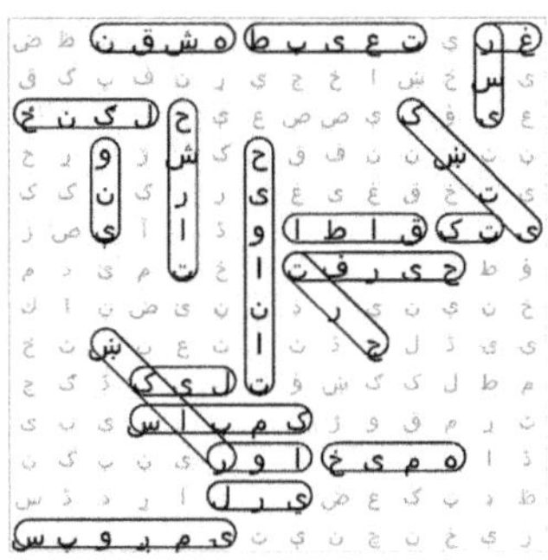

17 - Algebra

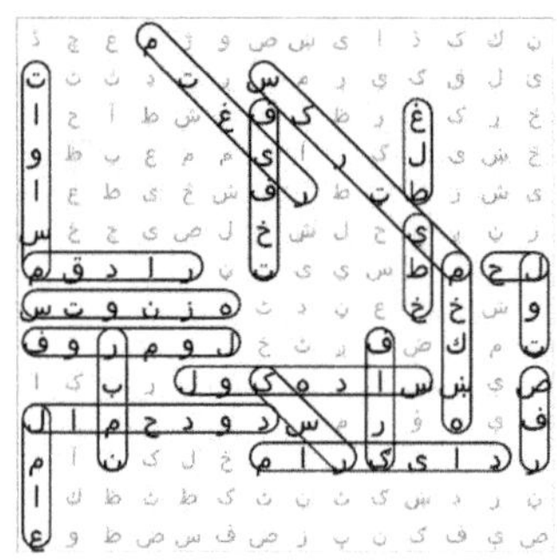

18 - Numbers

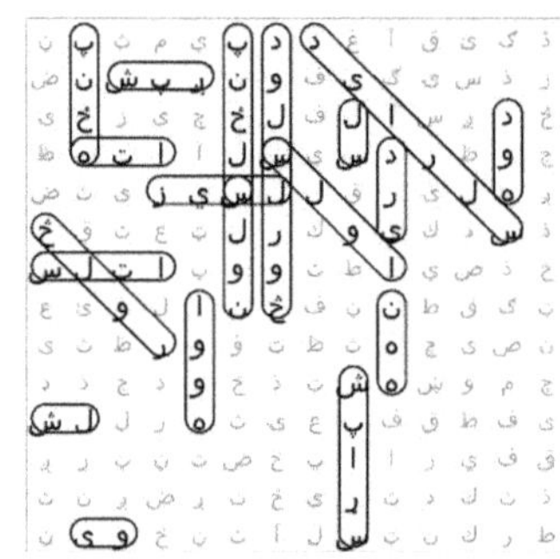

19 - Spices

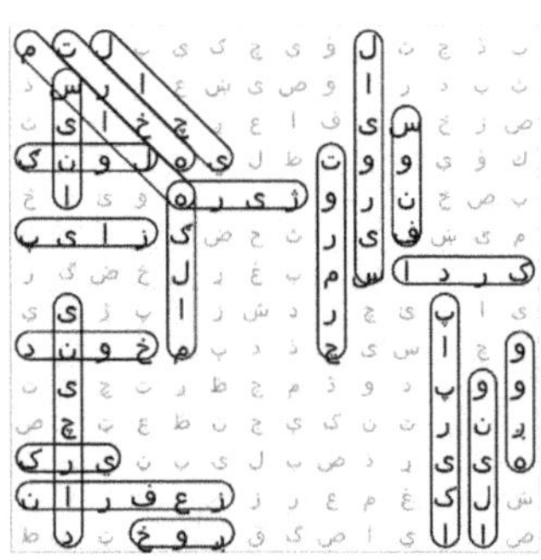

20 - Universe

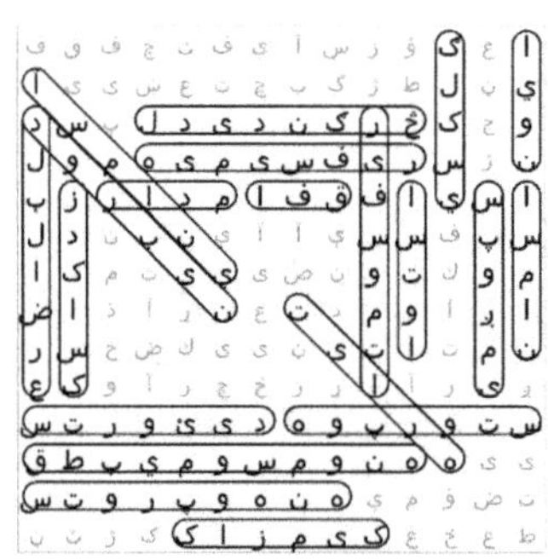

21 - Mammals

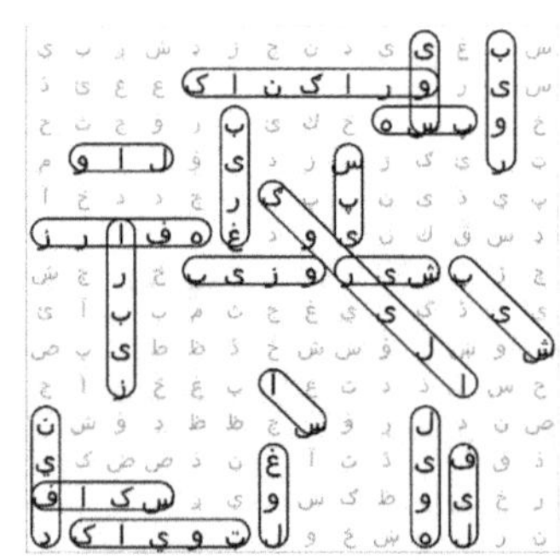

22 - Fishing

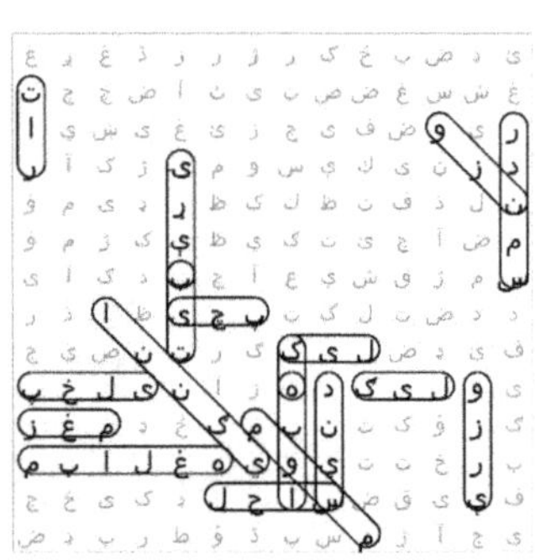

23 - Restaurant #1

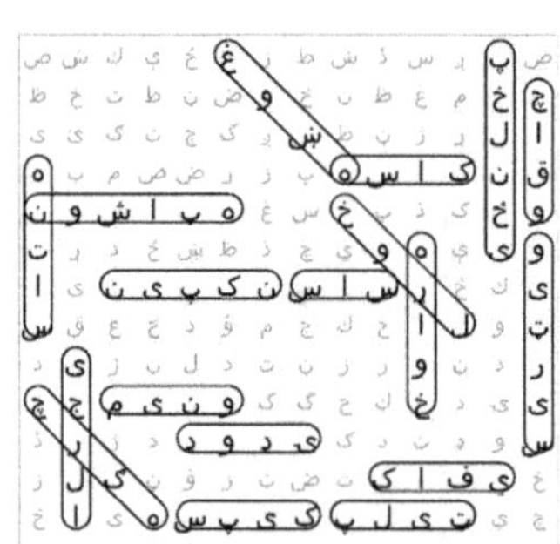

24 - Bees

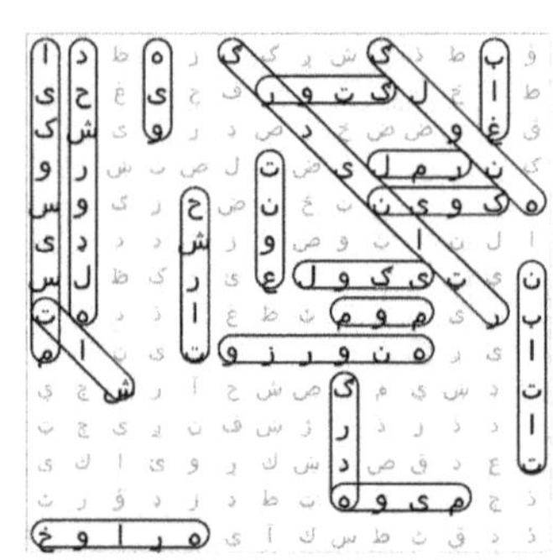

25 - Weather

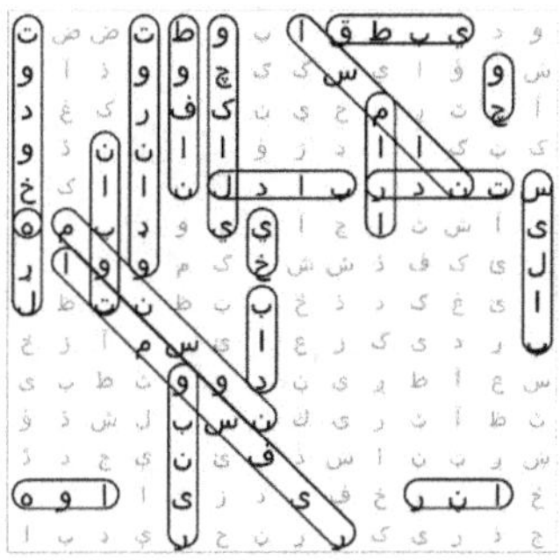

26 - Adventure

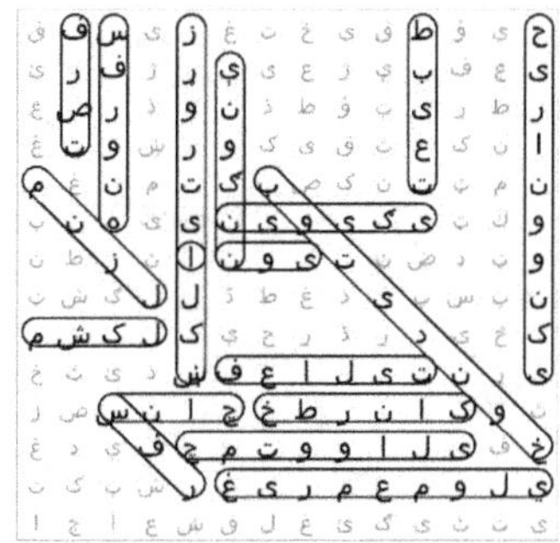

27 - Circus

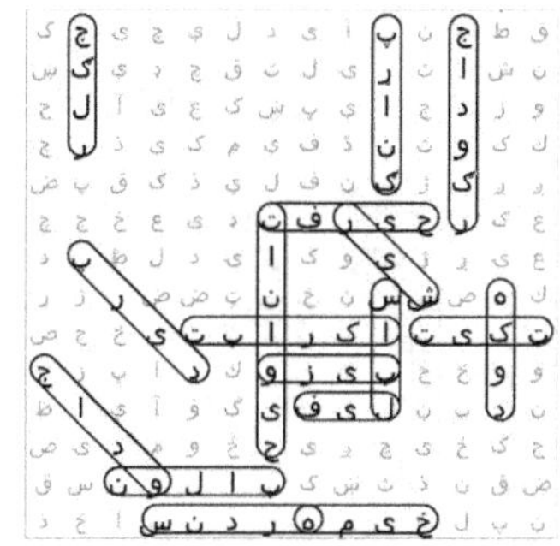

28 - Restaurant #2

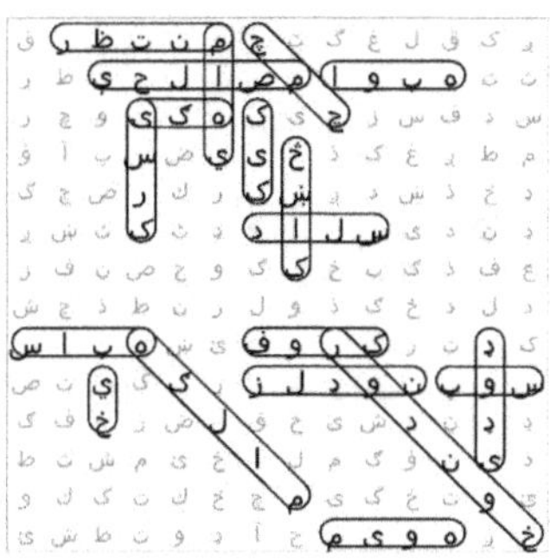

29 - Geology

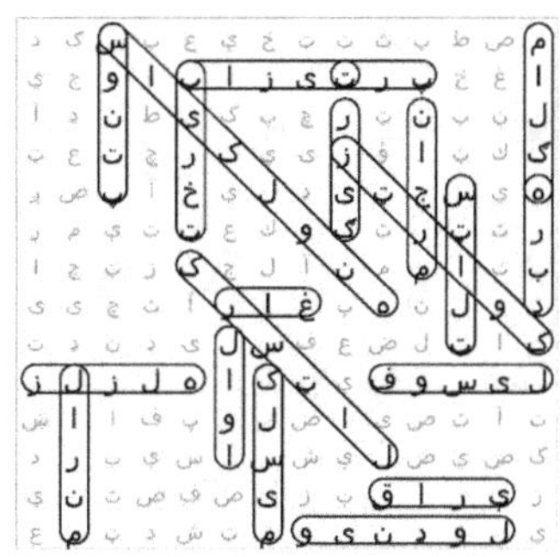

30 - House

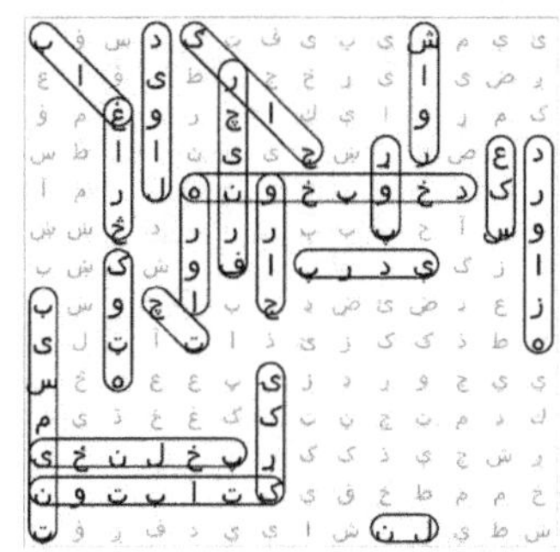

31 - Physics

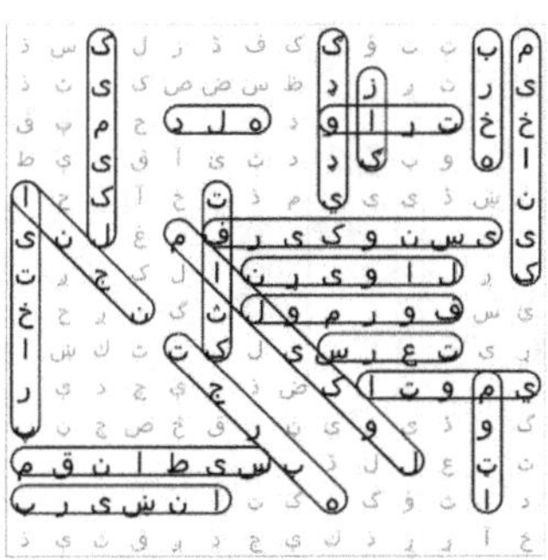

32 - Dance

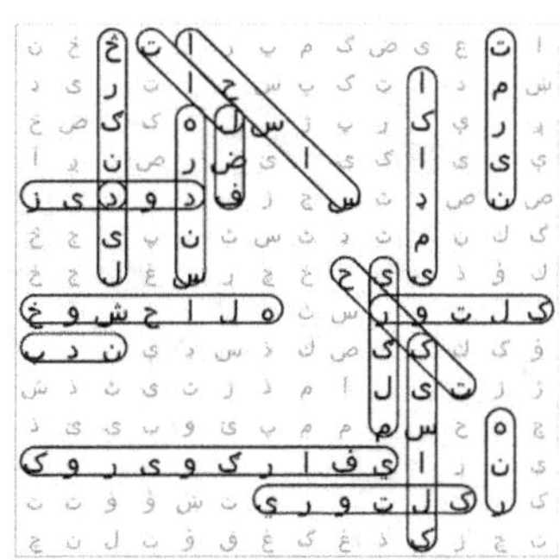

33 - Coffee

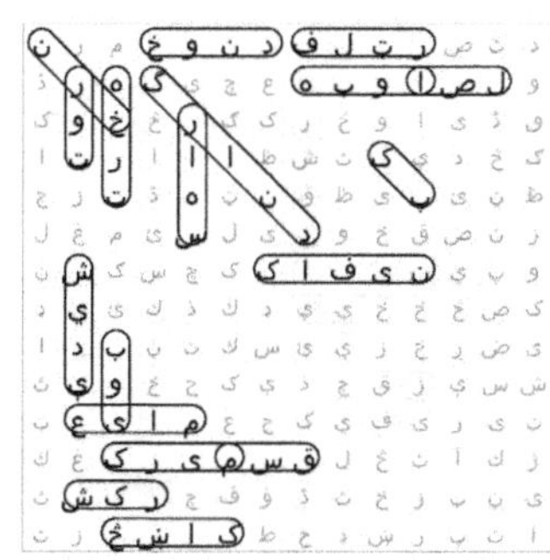

34 - Colors

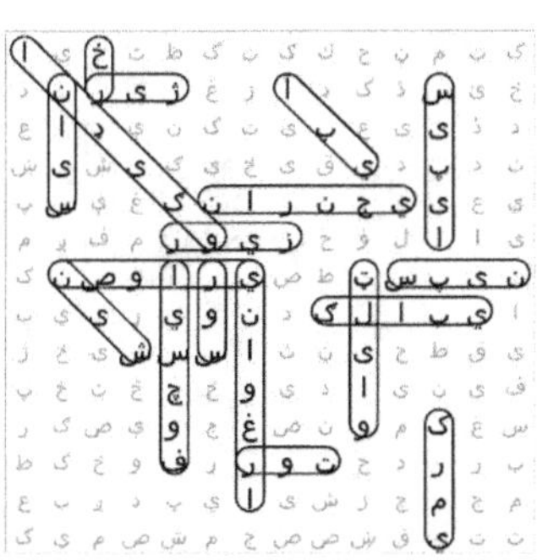

35 - Climbing

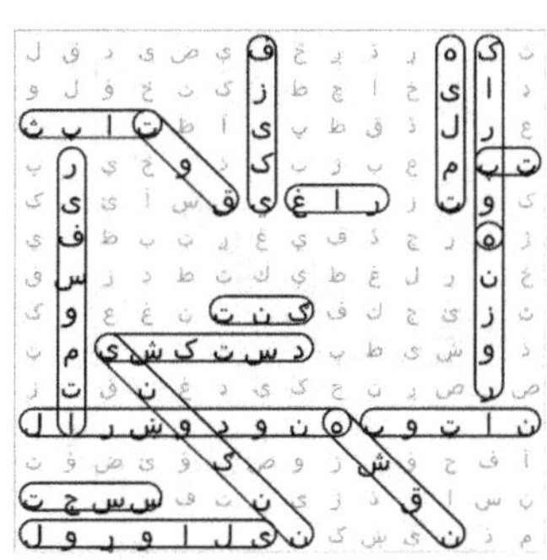

36 - Shapes

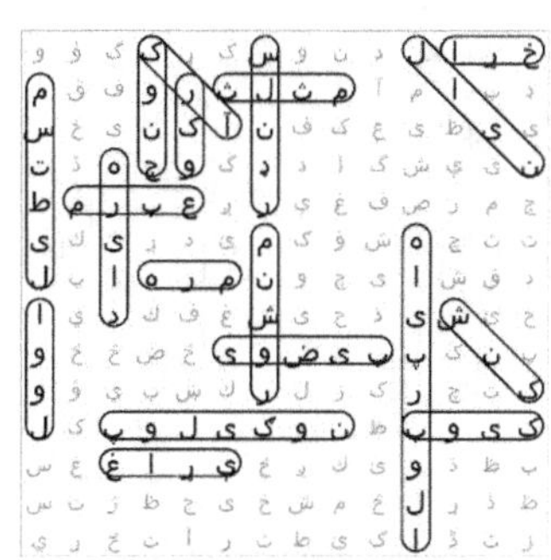

37 - Scientific Disciplines

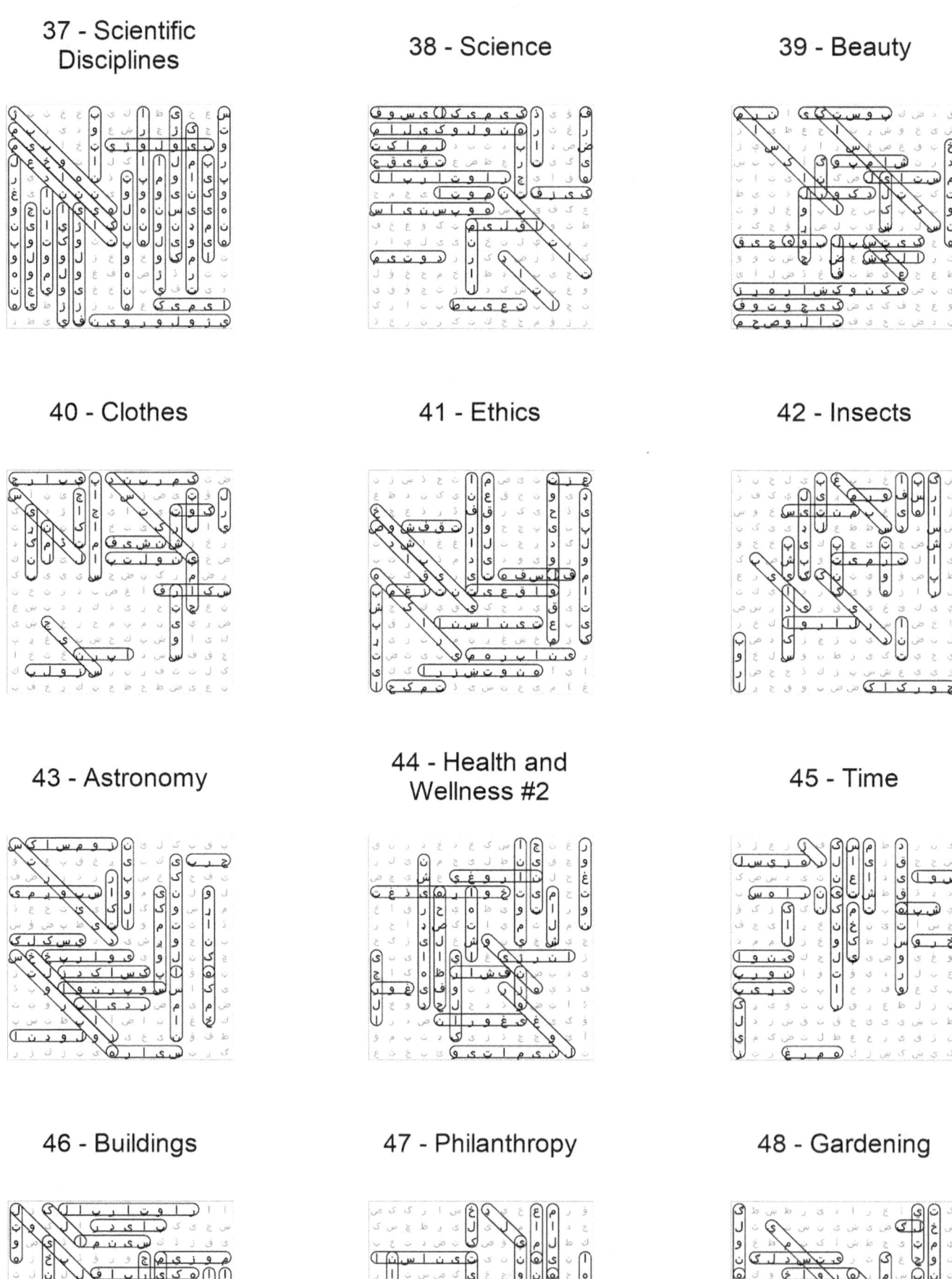

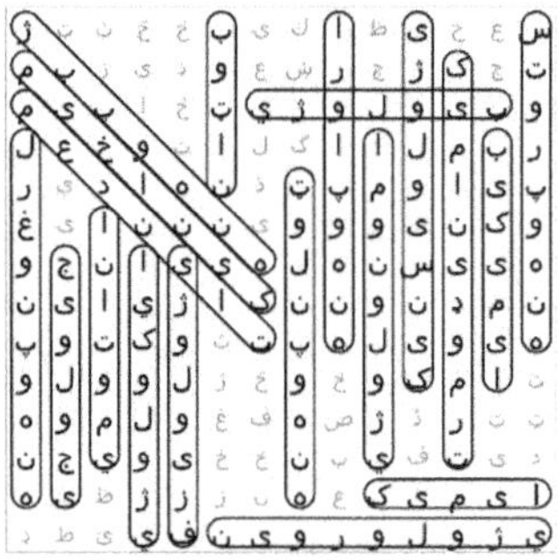

38 - Science

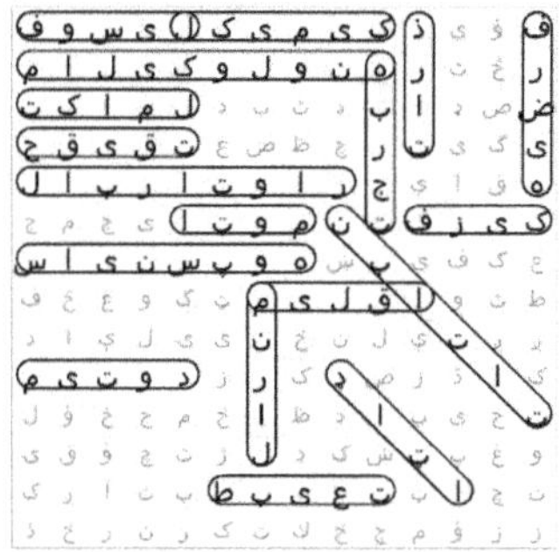

39 - Beauty

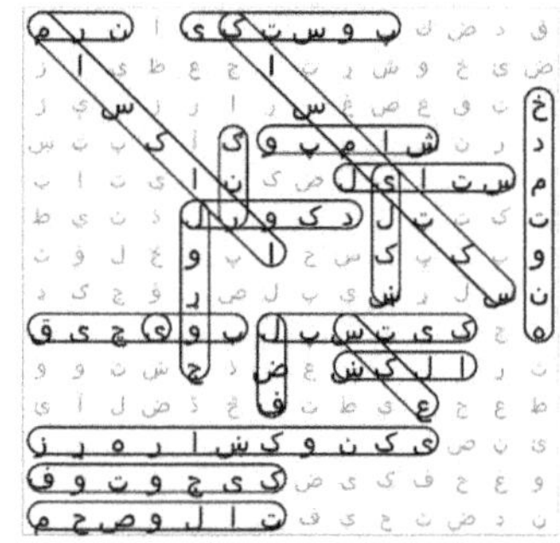

40 - Clothes

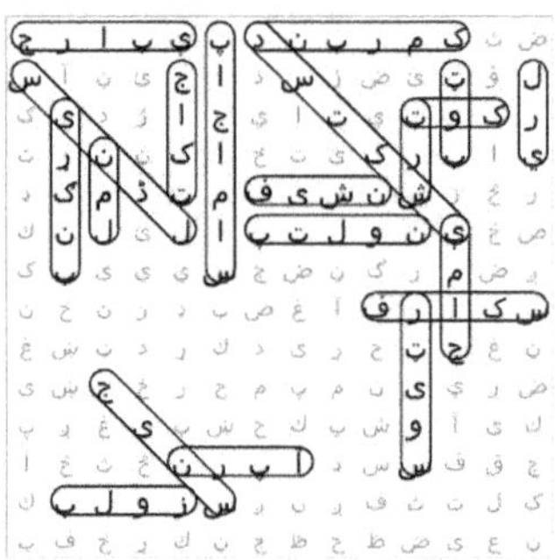

41 - Ethics

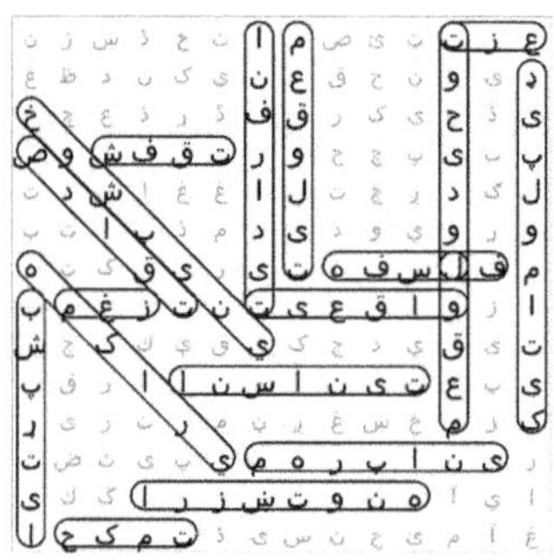

42 - Insects

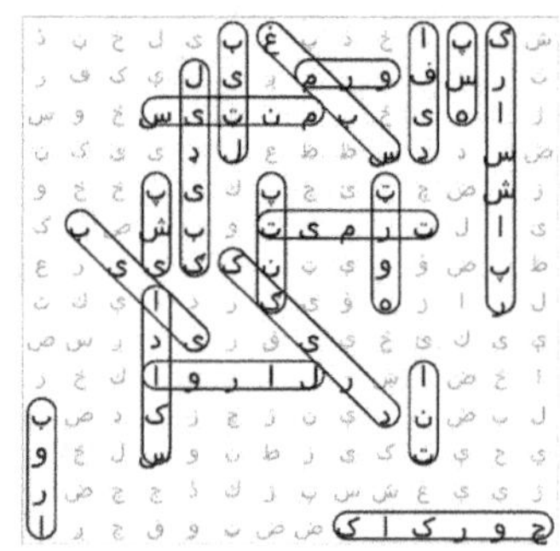

43 - Astronomy

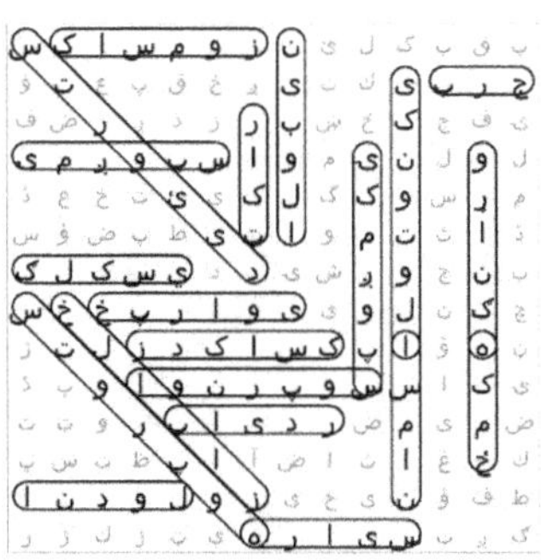

44 - Health and Wellness #2

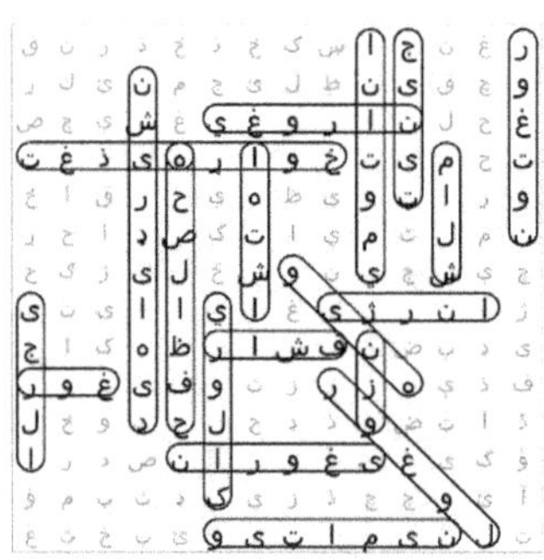

45 - Time

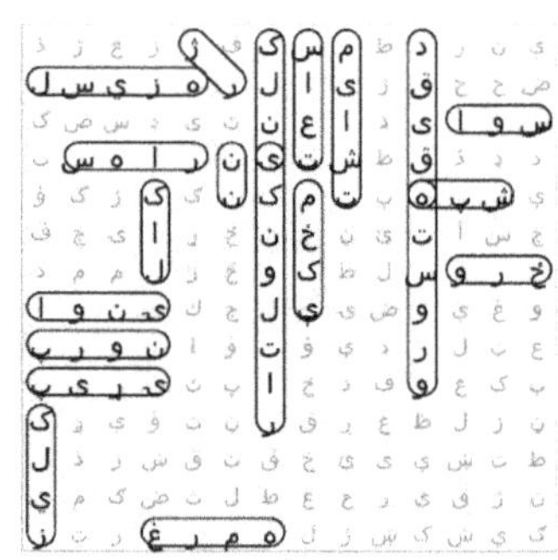

46 - Buildings

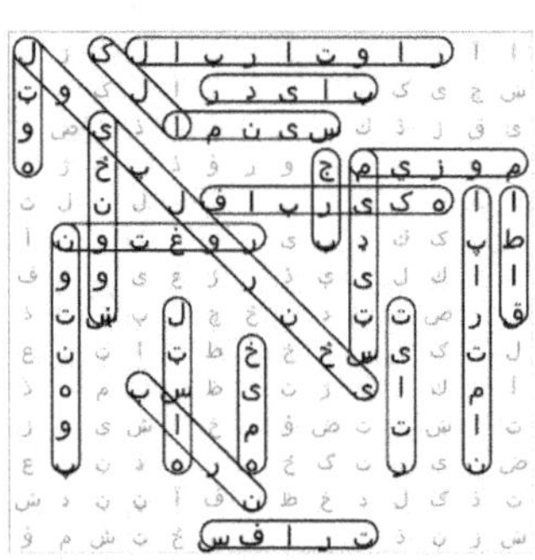

47 - Philanthropy

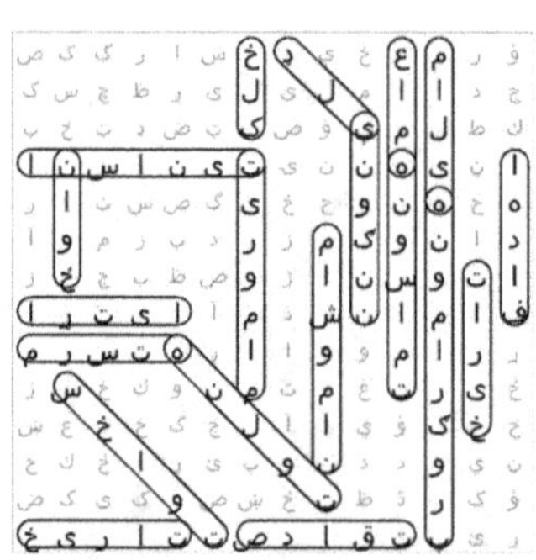

48 - Gardening

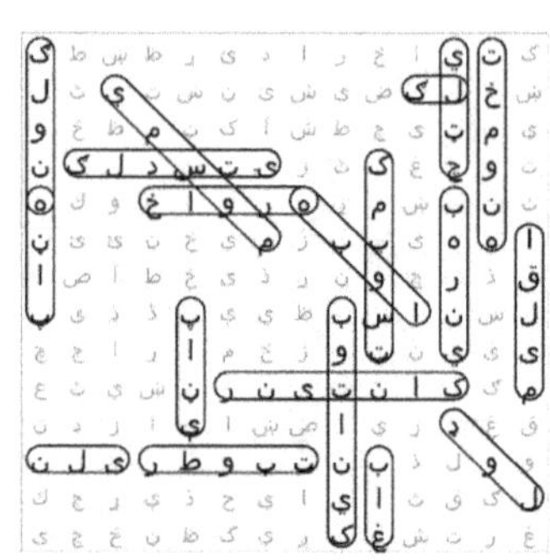

49 - Herbalism

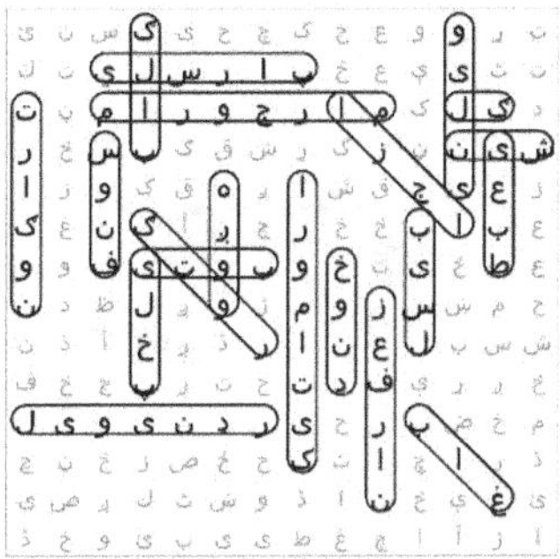

50 - Vehicles

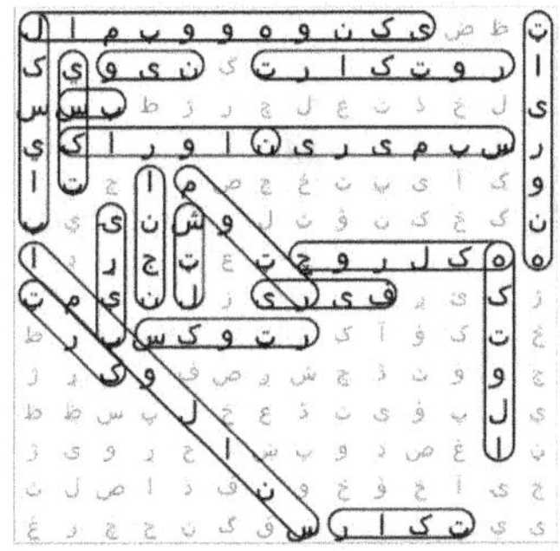

51 - Flowers

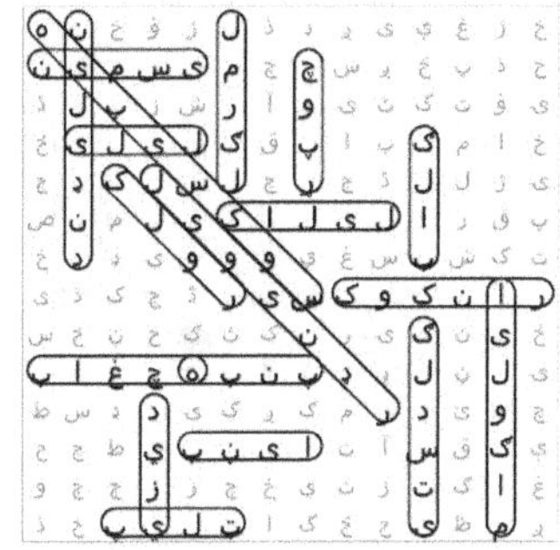

52 - Health and Wellness #1

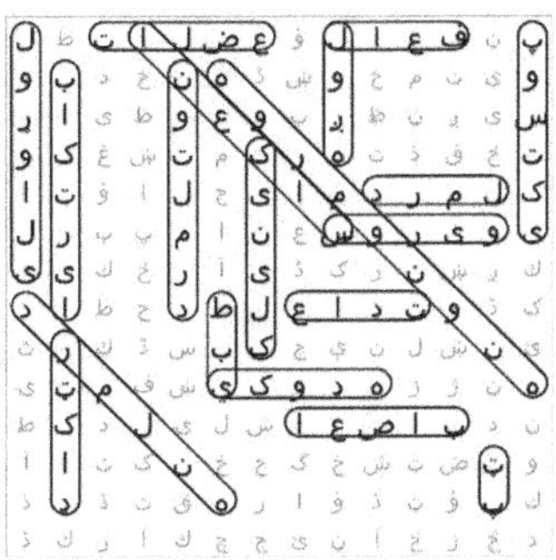

53 - Town

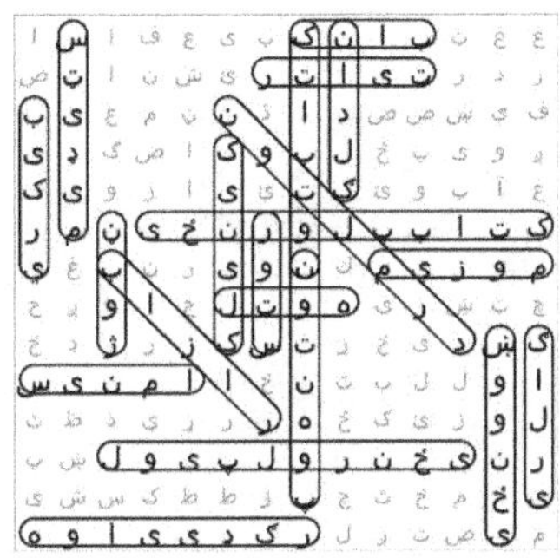

54 - Antarctica

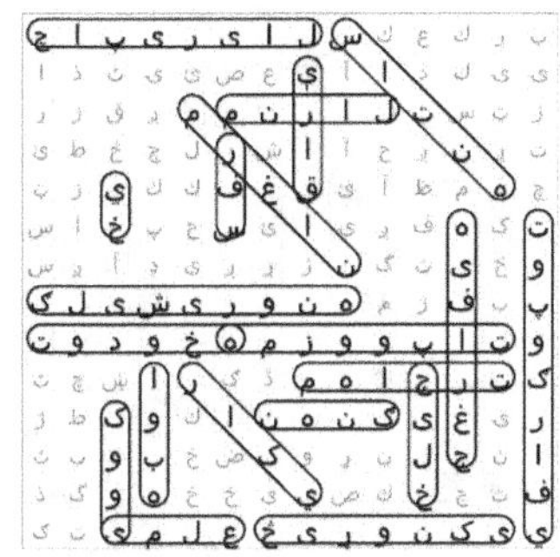

55 - Ballet

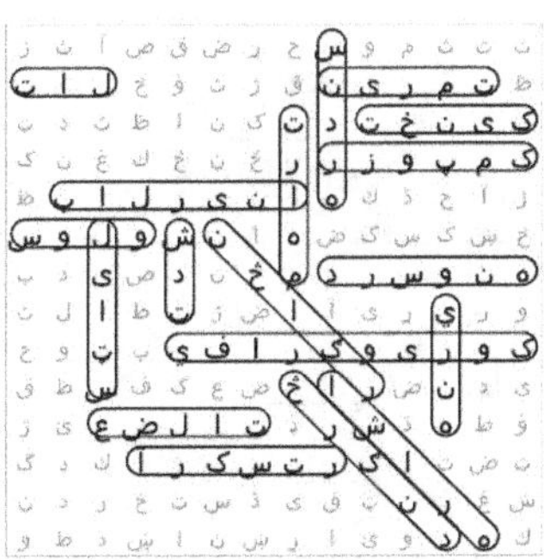

56 - Fashion

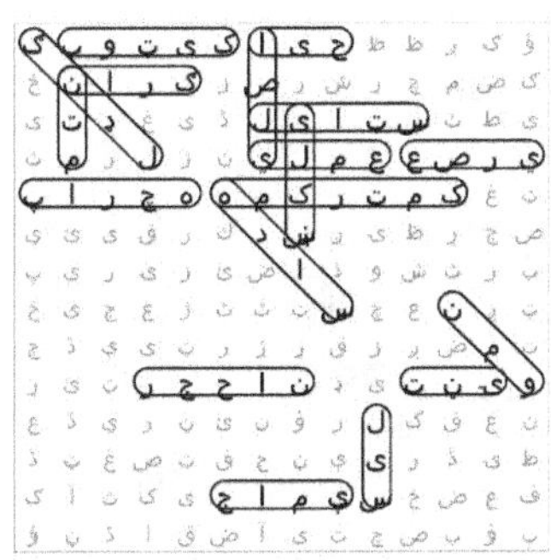

57 - Human Body

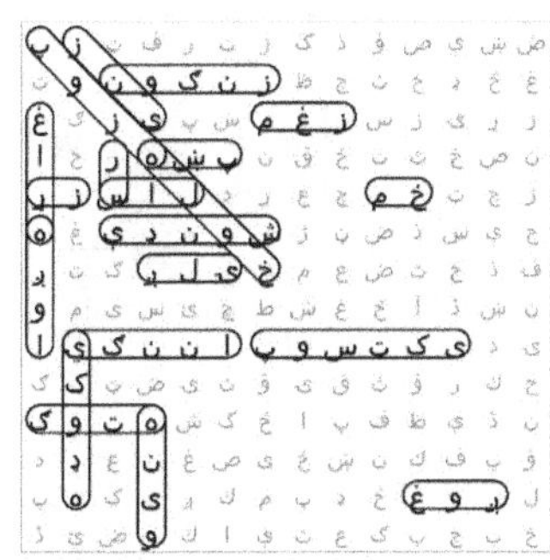

58 - Musical Instruments

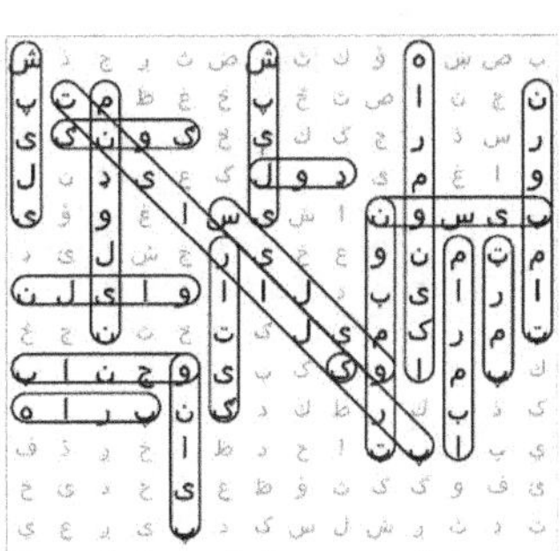

59 - Fruit

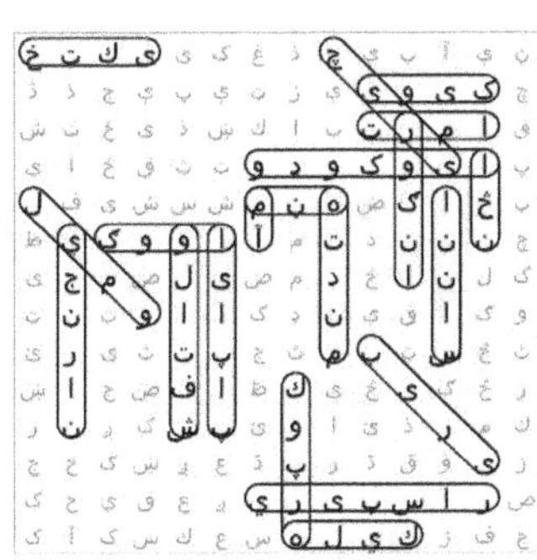

60 - Engineering

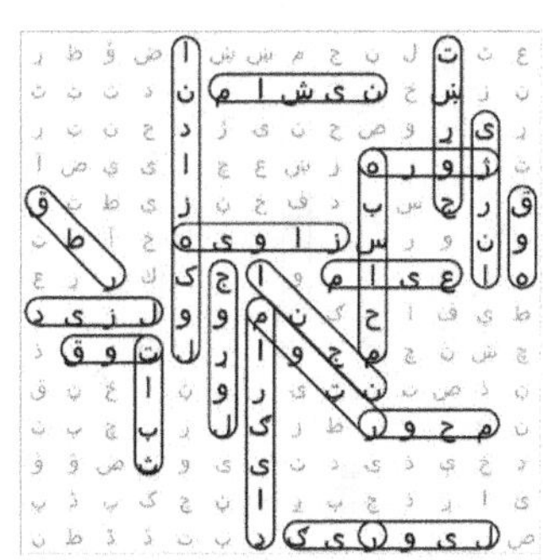

61 - Government

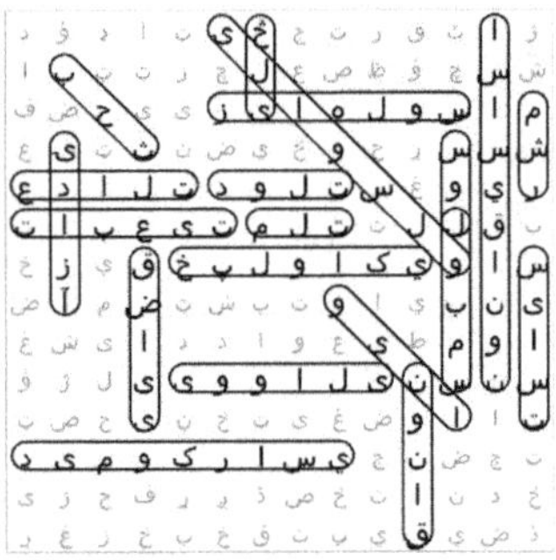

62 - Science Fiction

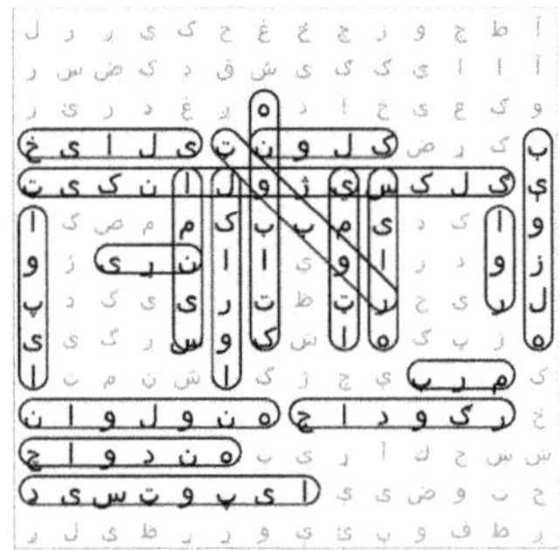

63 - Geometry

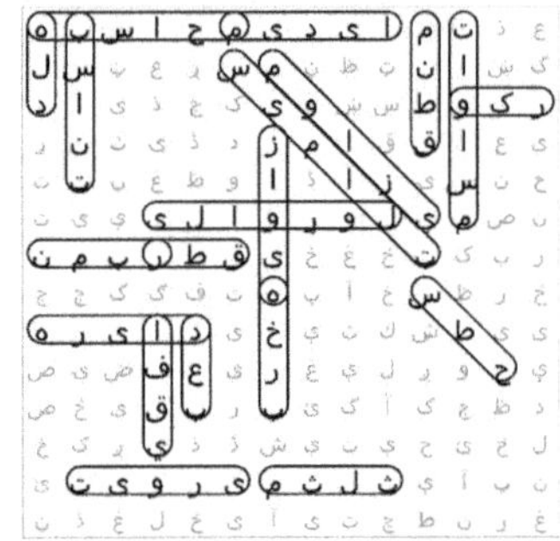

64 - Airplanes

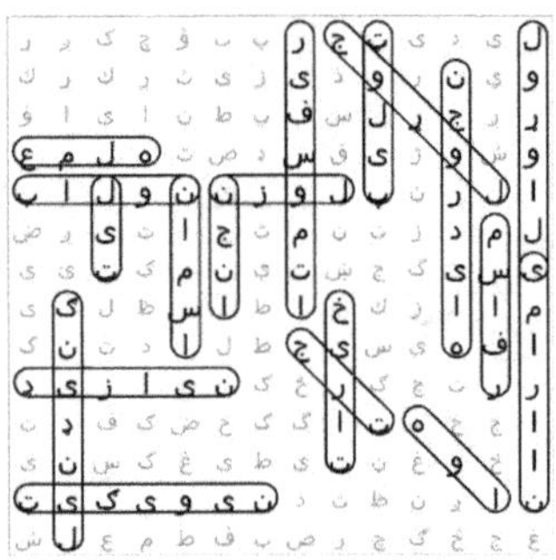

65 - Ocean

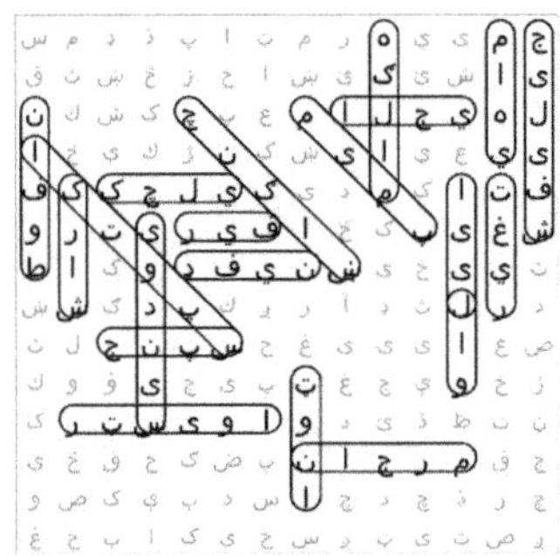

66 - Force and Gravity

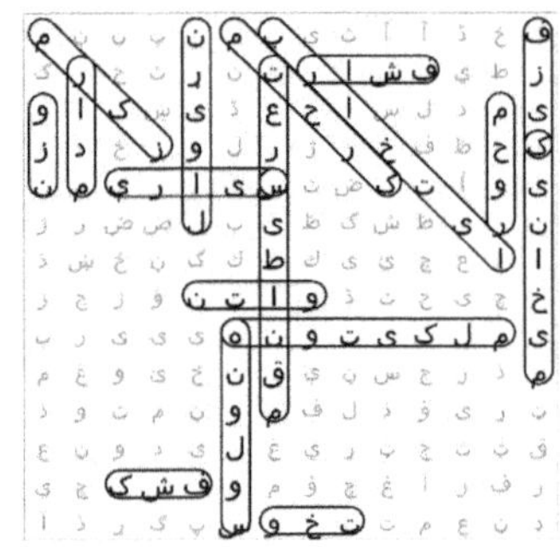

67 - Birds

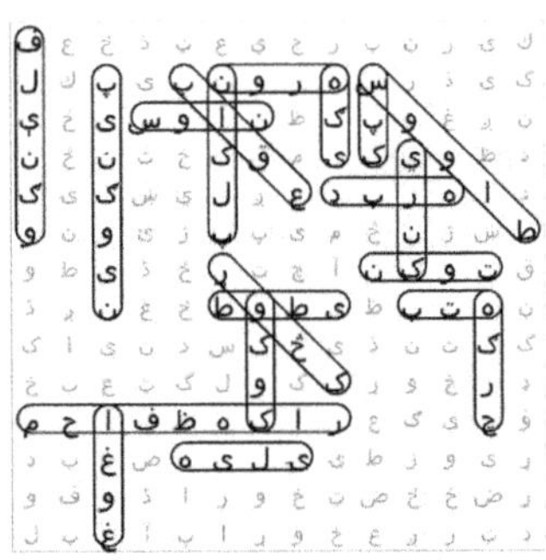

68 - Politics

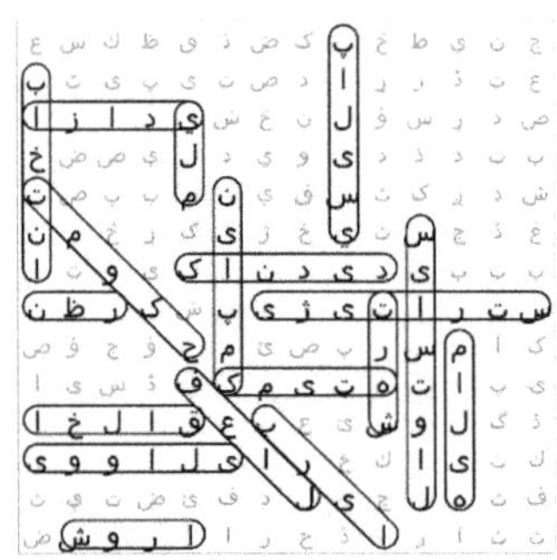

69 - Nutrition

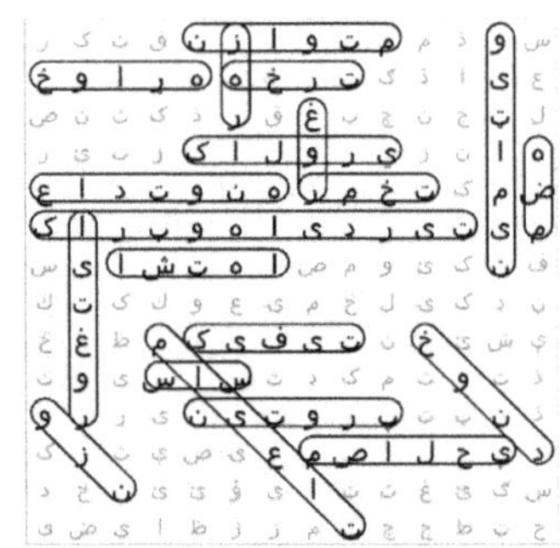

70 - Hiking

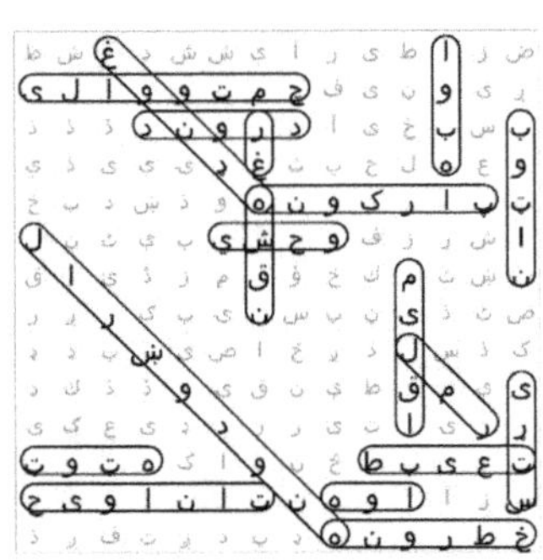

71 - Professions #1

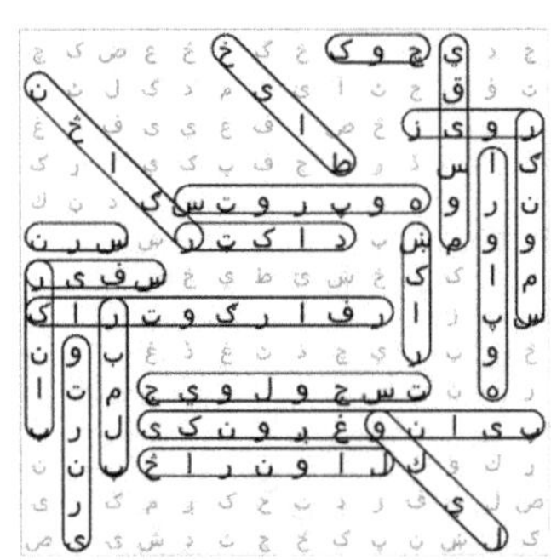

72 - Barbecues

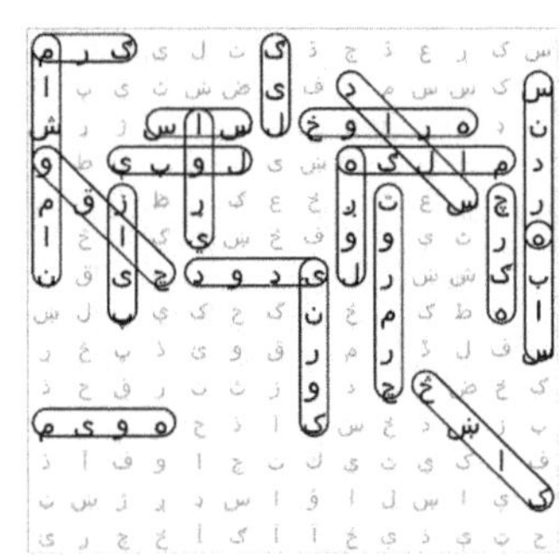

73 - Chocolate

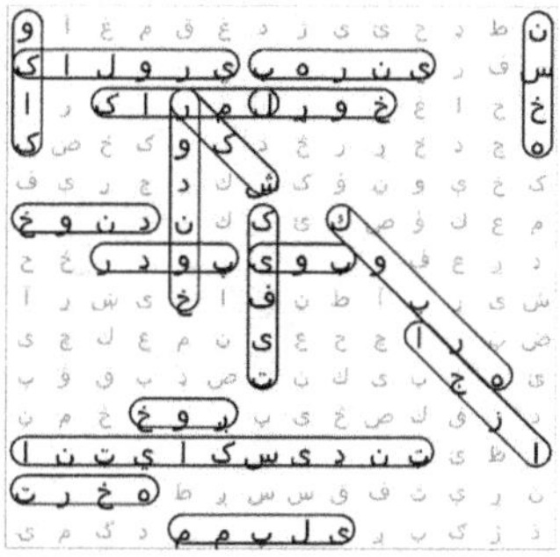

74 - Vegetables

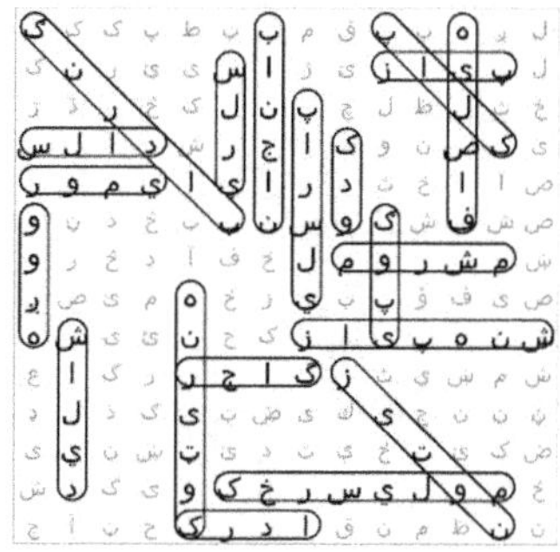

75 - The Media

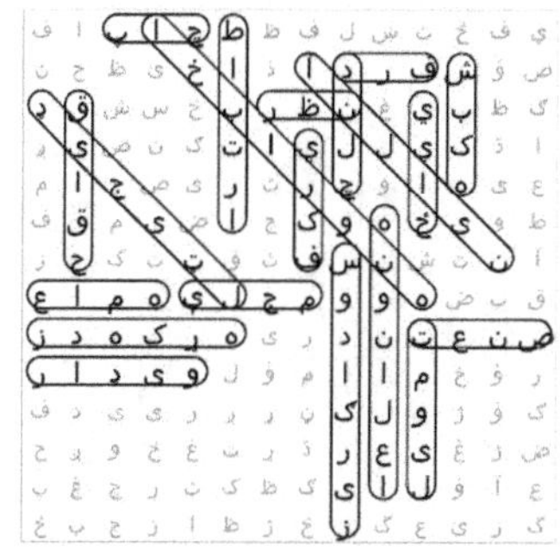

76 - Boats

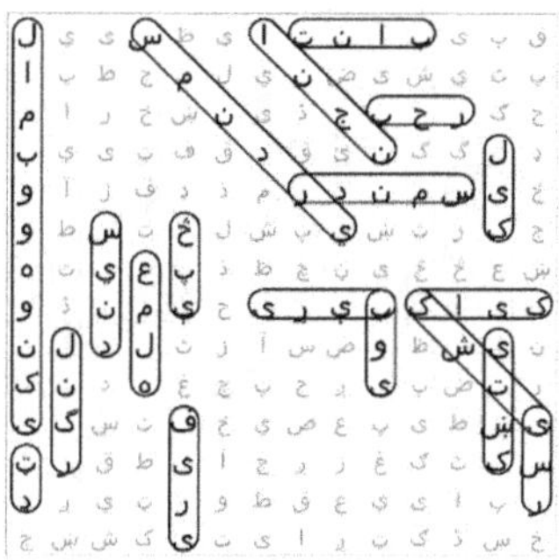

77 - Driving

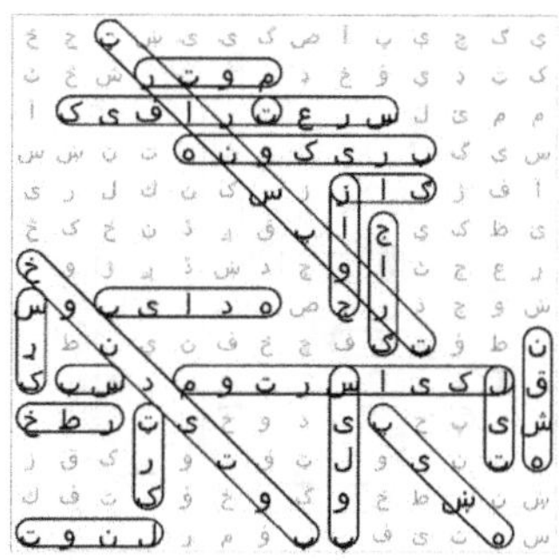

78 - Professions #2

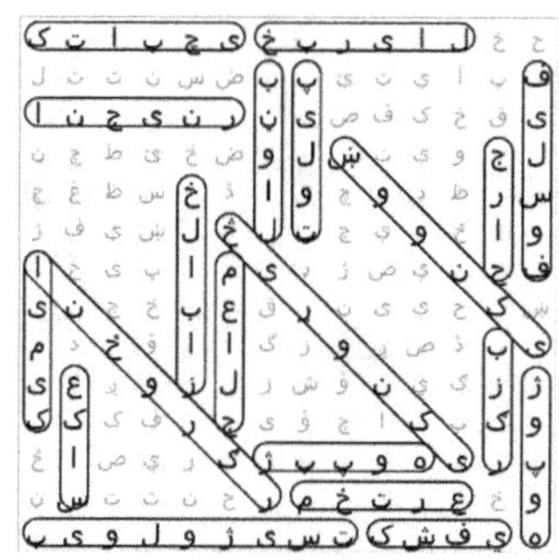

79 - Emotions

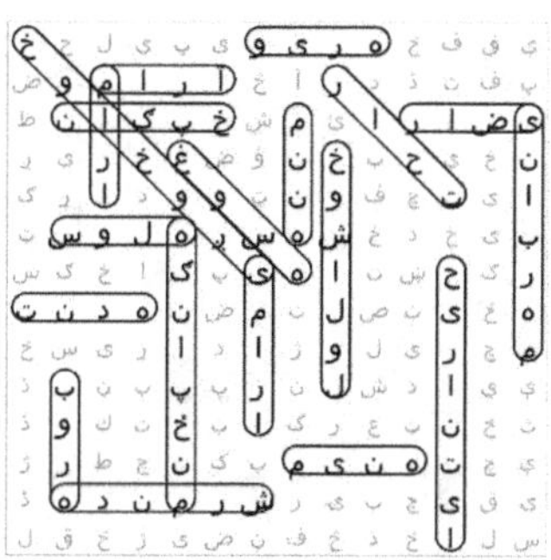

80 - Mythology

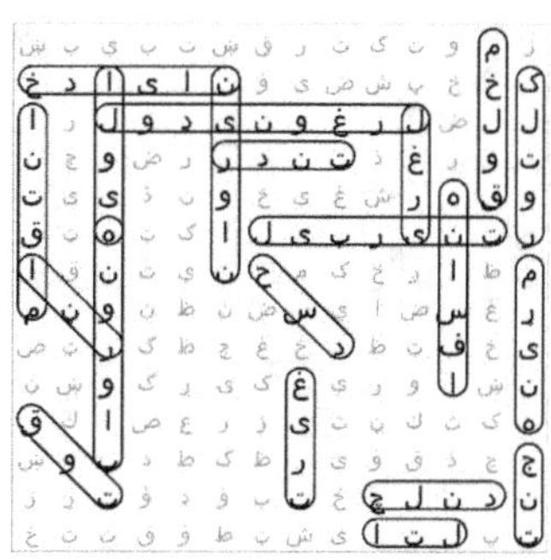

81 - Garden

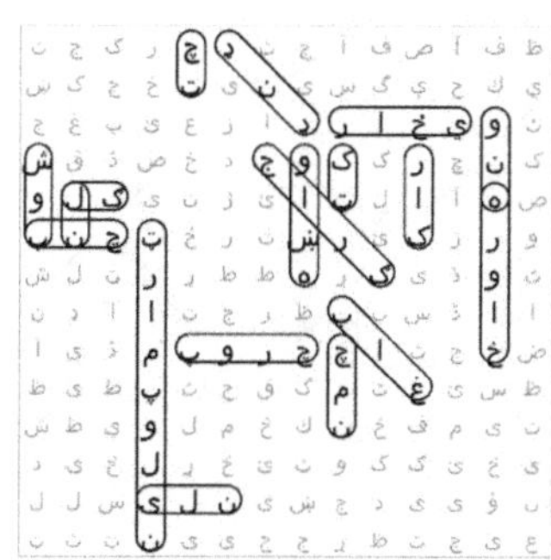

82 - Diplomacy

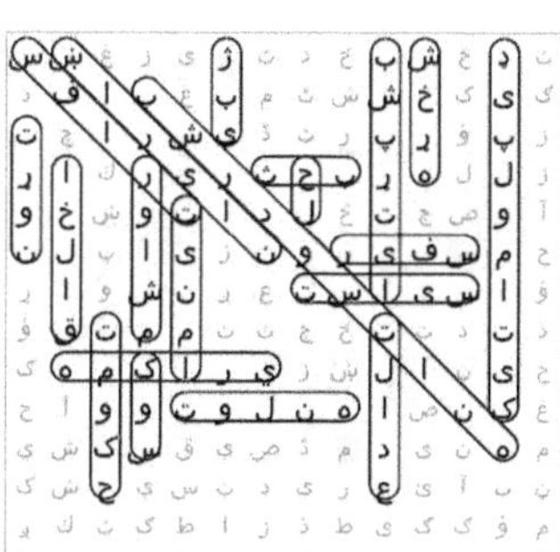

83 - Countries #1

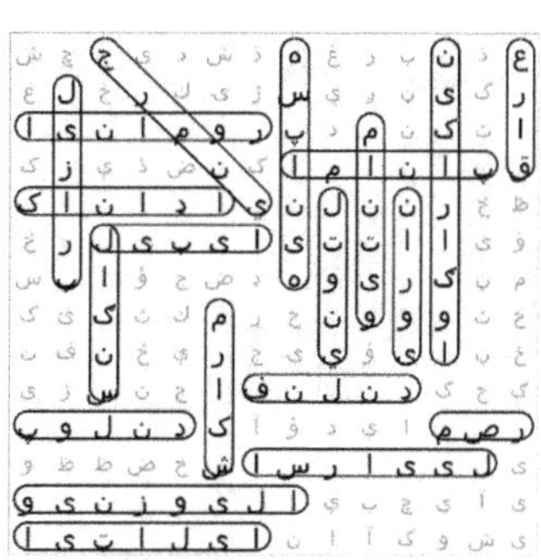

84 - Adjectives #1

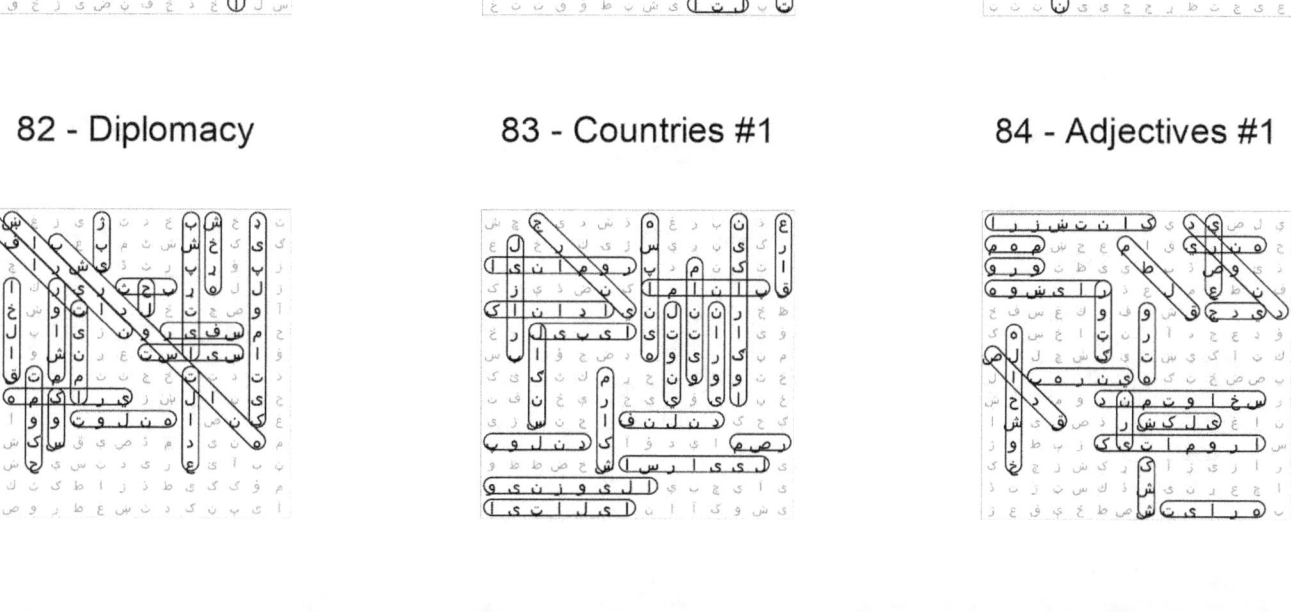

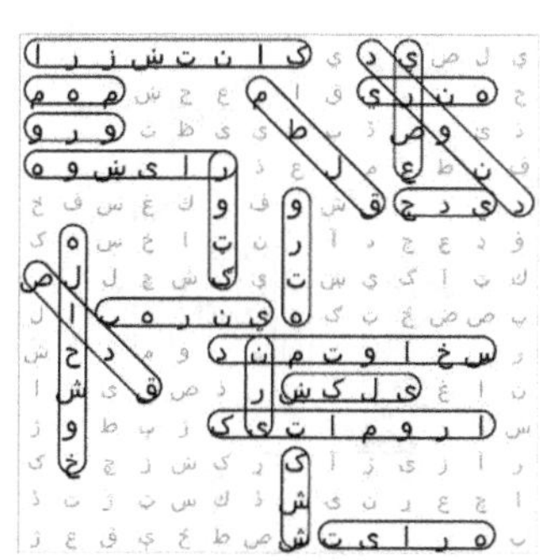

85 - Landscapes

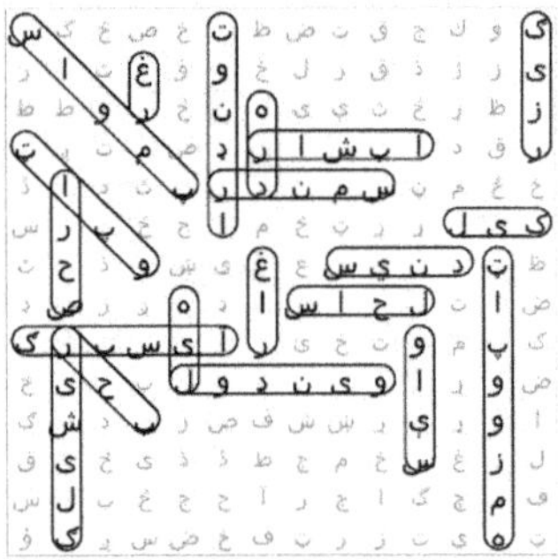

86 - Visual Arts

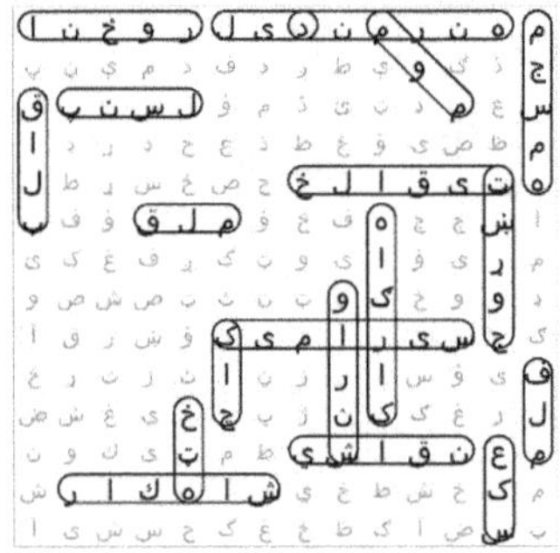

87 - Plants

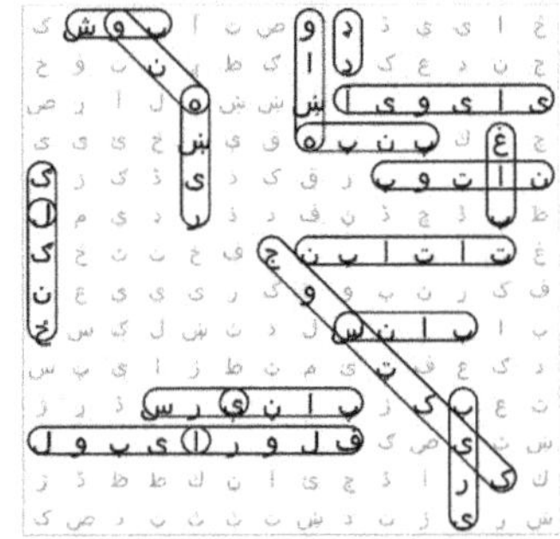

88 - Boxing

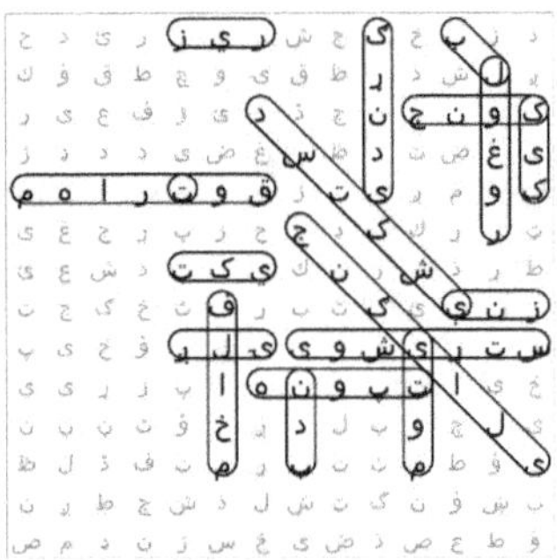

89 - Countries #2

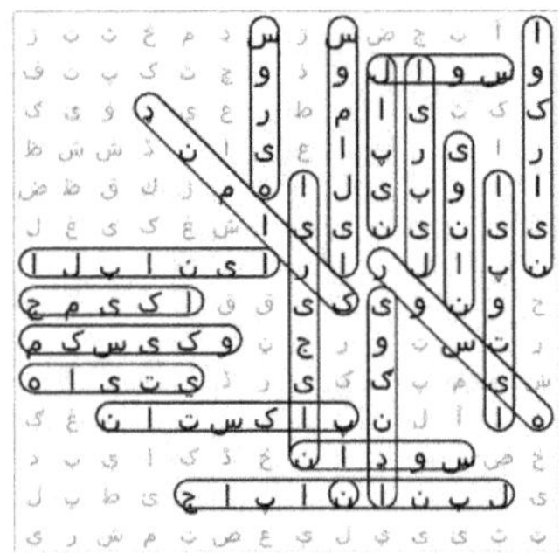

90 - Ecology

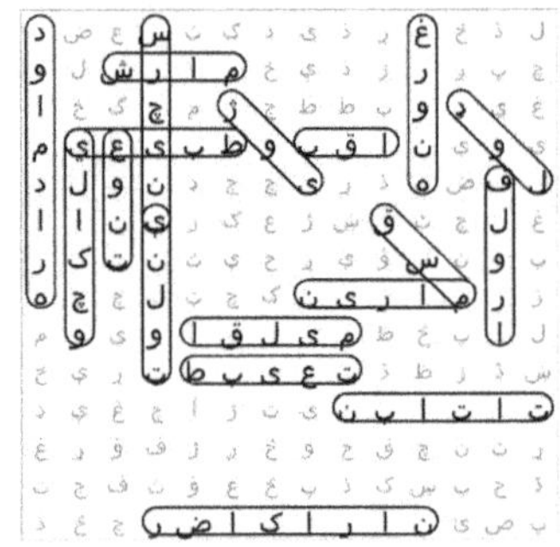

91 - Adjectives #2

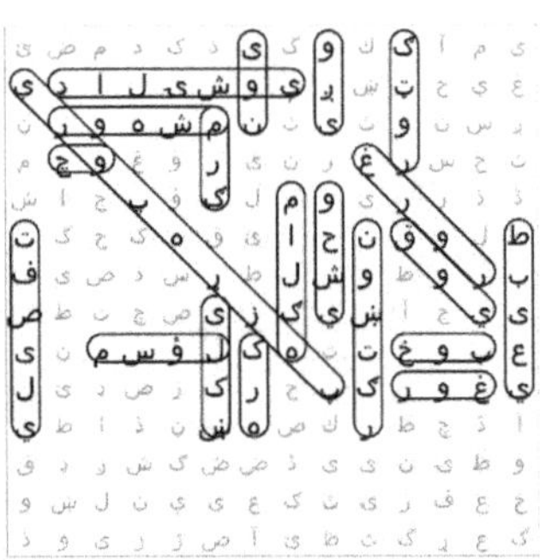

92 - Math

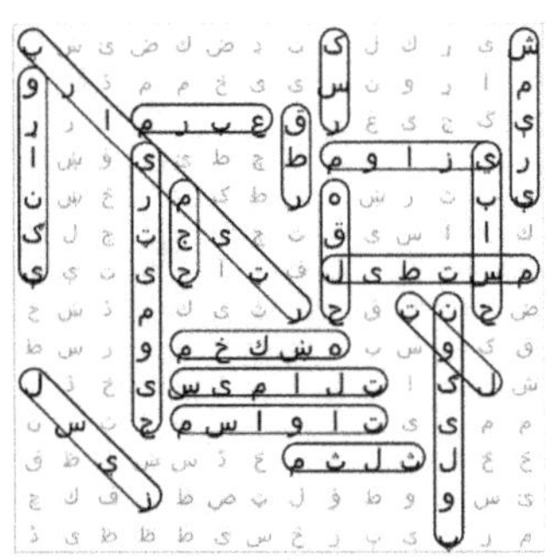

93 - Water

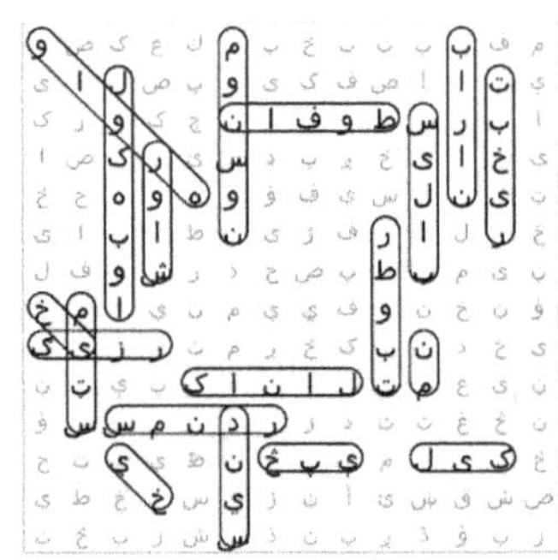

94 - Business

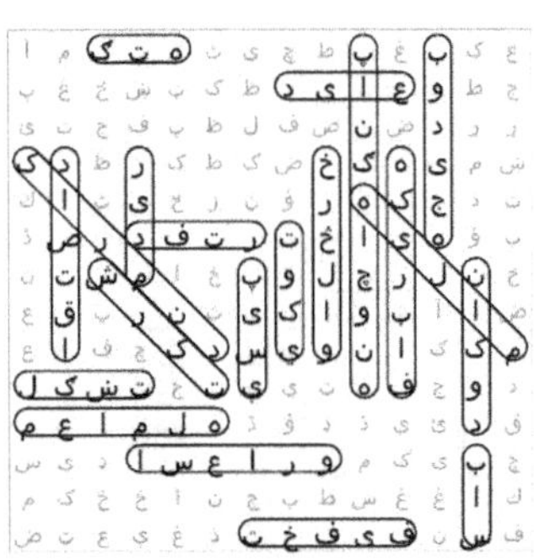

95 - The Company

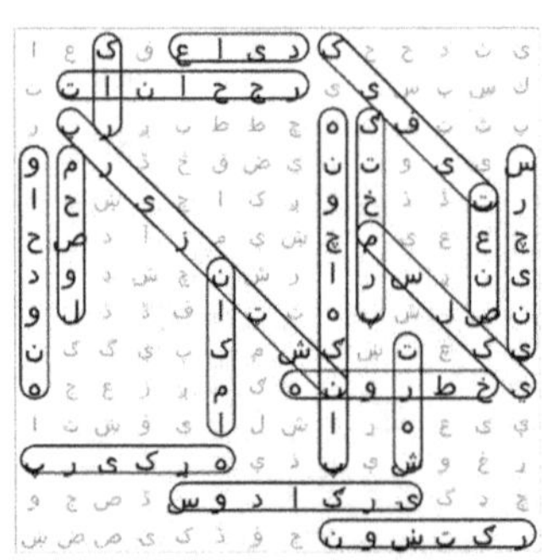

96 - Literature

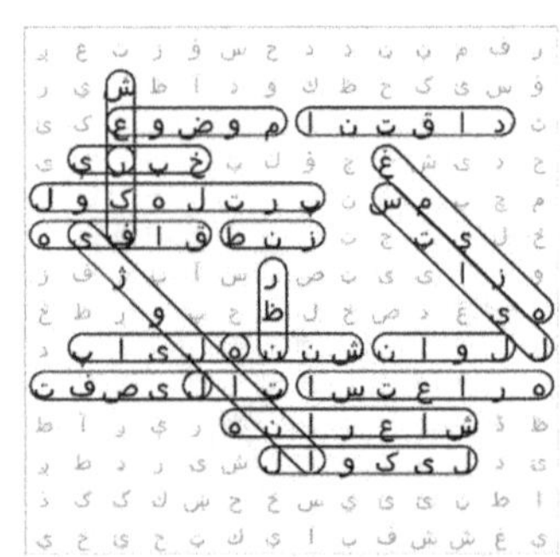

97 - Geography

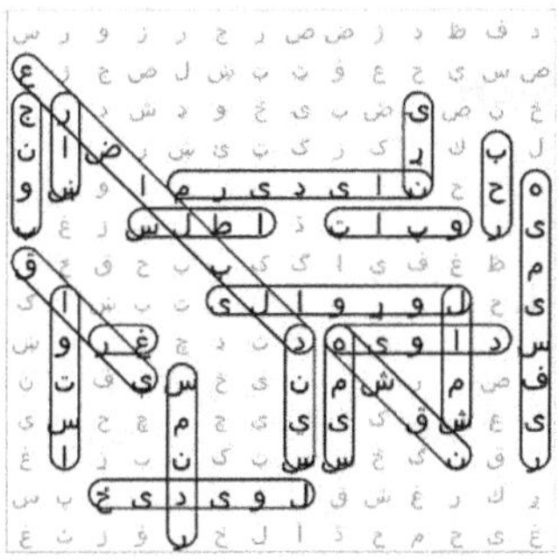

98 - Jazz

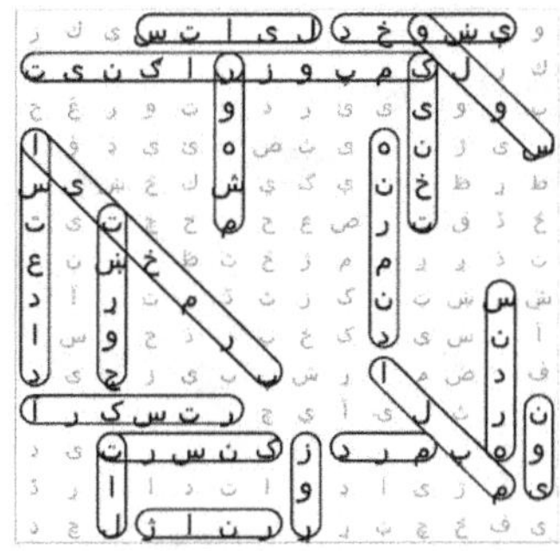

99 - Vacation #2

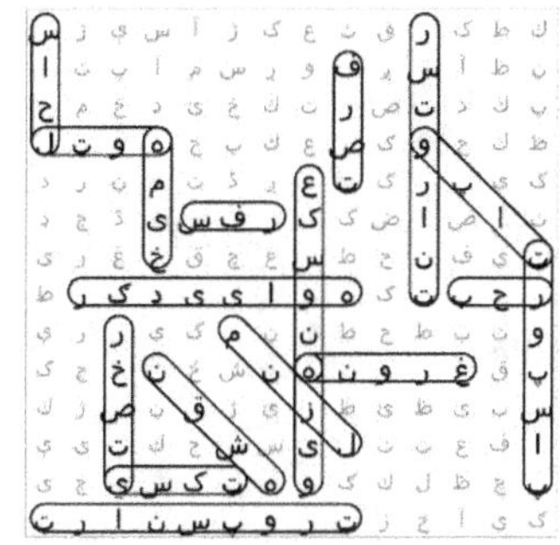

100 - Electricity

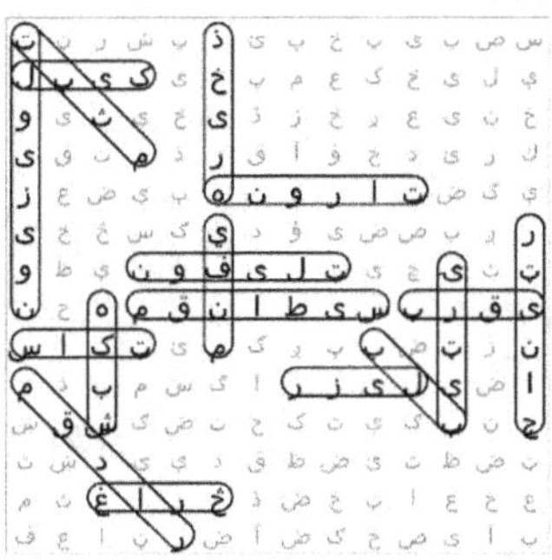

Dictionary

Adjectives #1

عجایتګانڀ #1

Absolute	قلطم
Ambitious	رایشوه
Aromatic	ارومتیک
Artistic	هنري
Attractive	ششک
Beautiful	شکلی
Dark	تیاره
Exotic	بهرنی
Generous	سخاوتمند
Happy	خوشحاله
Heavy	درون
Helpful	کوپر
Honest	صادق
Identical	ورته
Important	مهم
Modern	عصري
Serious	جدي
Slow	ورو
Thin	نری
Valuable	ارزښتناک

Adjectives #2

عجایتګانڀ #2

Authentic	کره
Creative	نوښتګر
Descriptive	تفصیلي
Dry	وچ
Elegant	ښکلی
Famous	مشهور
Gifted	پوش یلاد
Healthy	روغ
Hot	ګرم
Hungry	وږی
Interesting	په زړه پورې
Natural	طبیعي
New	نوی
Productive	کوپر
Proud	غرور
Responsible	مسؤل
Salty	مالګه
Sleepy	خوب
Strong	قوي
Wild	وحشي

Adventure

پیښه

Activity	فعالیت
Beauty	ښکال
Bravery	زړورتیا
Challenges	ننګونې
Chance	چانس
Dangerous	خطرناک
Destination	منزل
Difficulty	مشکل
Excursion	سفر
Nature	طبیعت
Navigation	نیویګیشن
New	نوی
Opportunity	فرصت
Preparation	چمتووالی
Safety	خوندیتوب
Surprising	حیرانوونکی
Travels	سفرونه
Unusual	غیر معمولي

Airplanes

الوتکې

Adventure	ترج
Air	هوا
Atmosphere	اتموسفیر
Balloon	بالون
Construction	جوړول
Crew	عمله
Descent	نزول
Design	ډیزاین
Engine	انجن
Fuel	تیل
Height	لوړوالی
History	تاریخ
Hydrogen	هایدروجن
Landing	کښیناستل
Navigate	ټیکیویګن
Passenger	مسافر
Pilot	پیلوټ
Sky	اسمان
Turbulence	ناارامی

Algebra

جبر

Diagram	دیاګرام
Equation	مساوات
Exponent	مشخصه
Factor	عامل
False	غلط
Formula	فورمول
Fraction	کسر
Graph	ګراف
Infinite	لامحدود
Linear	خطي
Matrix	میټرکس
Number	نمبر
Problem	ستونزه
Quantity	مقدار
Simplify	ساده کول
Solution	حل
Subtraction	تفریق
Sum	ټول
Variable	متغیر
Zero	صفر

Antarctica

انټارکټیکا

Bay	خلیج
Birds	مرغان
Conservation	ساتنه
Continent	قاره
Cove	کووی
Environment	چاپیریال
Expedition	سفر
Geography	جغرافیه
Glaciers	ګلیشیرونه
Ice	یخ
Migration	مهاجرت
Minerals	منرال
Peninsula	ټاپووزمه
Researcher	څیړونکی
Rocky	کاڼي
Scientific	علمی
Temperature	تودوخه
Topography	توپوګرافي
Water	اوبه
Whales	نهنګ

Antiques
لرغونيي

Art	رنه
Auction	لىلام
Authentic	كره
Century	پىرىي
Coins	سكىڭ
Collector	رات‌پولونكى
Condition	تالاھ
Decades	لسىزېز
Decorative	شىئارآ
Elegant	شكلى
Furniture	رفىنچر
Gallery	ىرلاگ
Investment	ەنوچا ەكناپ
Old	روز
Price	خرن
Quality	كىفيىت
Sculpture	مجسمە
Style	سپاىل
Unusual	غىر معمولي
Value	تشزرا

Archeology
لرغونپوەنە

Analysis	ەننش
Ancient	لرغونى
Bones	يكوده
Civilization	ندمت
Era	رصع
Evaluation	ەنوزرا
Expert	ەوپراك
Findings	ەندنوم
Forgotten	ەوش رىە
Fossil	لىسوف
Fragments	ىپوت
Mystery	رارسا
Professor	روسىفورپ
Relic	ىناوخپ
Researcher	ىكنورىخ
Ruins	كنود
Team	مىت
Temple	ردنم
Tomb	ربق
Years	ەنولك

Astronomy
ەنەوپروتس

Asteroid	دىئورتس
Astronaut	زابالخ
Astronomer	ەوپروتس
Constellation	جرب
Cosmos	زومساك
Earth	ەكمخ
Eclipse	ىوارپخ
Equinox	لودنا
Galaxy	يسكلگ
Meteor	ىكنوتولا
Moon	ىمروپس
Nebula	الوبىن
Observatory	رداىب
Planet	ەراىس
Radiation	ەكنارو
Rocket	تكار
Satellite	ىكمروپس
Sky	نامسا
Supernova	اونرپوس
Zodiac	كساكدز

Ballet
تلاب

Artistic	ەنري
Ballerina	انىرلاب
Choreography	يفاركوىروك
Composer	رزوپمك
Dancers	ركاخن
Expressive	دنكرخ
Gesture	ەراشا
Intensity	تدش
Lessons	ەنوسرد
Muscles	تالضع
Music	ەردنس
Orchestra	رتسكرآ
Practice	نىرمت
Rhythm	تال
Skill	ەراەت
Solo	ولوس
Style	سپاىل
Technique	كىنخت

Barbecues
وىكىبراب

Chicken	ەكرچ
Children	ناموشام
Dinner	ىدود
Drinks	كاشخ
Family	ىنروك
Food	ەراوخ
Fruit	ەويم
Games	لوبى
Grill	لىگ
Hot	مرگ
Hunger	ەرول
Knives	وقاچ
Music	ەردنس
Onions	زايپ
Pepper	چرم روت
Salads	دالس
Salt	ەكلام
Sauce	ساس
Summer	اوري
Vegetables	ەباس

Beauty
الكش

Charm	ىكنوكشار ەرز
Color	گنر
Cosmetics	سكتىمساك
Curls	لروك د
Elegance	الكش
Elegant	شكلى
Fragrance	وبى
Grace	لضف
Lipstick	كىتسپل
Makeup	لوروج
Mascara	اراكسام
Mirror	سكع
Photogenic	كىجوتوف
Products	تالوصحم
Scissors	قىچى
Services	ەنوتمدخ
Shampoo	وپماش
Skin	ىكتسوپ
Smooth	مرن
Stylist	سپاىل

Bees

وچیم

Beneficial	روټک
Diversity	تونع
Ecosystem	ایکوسیستم
Flowers	کلونه
Food	خواړه
Fruit	میوه
Garden	باغ
Hive	ویه
Honey	شات
Insect	حشرات
Plants	نباتات
Pollen	گرده
Pollinator	رتپانیدرگ
Queen	کوین
Smoke	لوگی
Sun	رمل
Swarm	دحشرو دله
Wax	موم
Wings	وزرونه

Birds

الوتونکي

Canary	کنري
Chicken	چرگه
Crow	اغوغ
Cuckoo	کوکو
Dove	کوڅر
Duck	هیلی
Eagle	باقع
Egg	هگی
Flamingo	فلیمنگو
Goose	بته
Heron	نوره
Ostrich	راک ەظفاحام
Parrot	طوطی
Peacock	سوواط
Pelican	پلکان
Penguin	پینگوین
Sparrow	کپس
Stork	هربډ
Swan	ساوان
Toucan	توکن

Boats

کشتی

Anchor	لنگر
Buoy	بوی
Canoe	کشتی
Crew	عمله
Engine	انجن
Ferry	فیری
Kayak	کایاک
Lake	جهیل
Mast	بانت
Nautical	سمندري
Ocean	سمندر
Raft	د لرګيو بېړۍ
River	سیند
Rope	رسی
Sailboat	کشتی
Sea	بحر
Tide	دپ
Waves	څپې
Yacht	بیړی

Books

کتابونه

Adventure	ترج
Author	لیکوال
Collection	ټولگه
Context	اړوند
Duality	دوه گونی
Epic	اپک
Historical	تاریخي
Humorous	مسخره
Inventive	مخترع
Literary	ادبي
Novel	ناول
Page	مخ
Poetry	شعر
Reader	لوستونکی
Relevant	اړوند
Series	لړی
Story	کیسه
Tragic	غمجنه
Written	لیکل شوی

Boxing

بکسنگ

Bell	بل
Body	بدن
Chin	زنې
Corner	کونج
Elbow	لیړی
Exhausted	ستړی شوی
Fighter	جنگیالی
Fist	موټی
Focus	زیر
Gloves	دستکشې
Injuries	ټپونه
Kick	کیک
Opponent	مخالف
Points	ټکي
Quick	گړندی
Recovery	رغول
Skill	مهارت
Strength	قوت

Buildings

ودانی

Apartment	اپارتمان
Barn	بارن
Cabin	اطاق
Castle	کال
Cinema	سینما
Embassy	سفارت
Factory	فابریکه
Hospital	روغتون
Hostel	هاسټل
Hotel	هوټل
Laboratory	لابراتوار
Museum	میوزیم
Observatory	رصدیاب
School	ښوونځی
Stadium	سټیډیم
Supermarket	لوی پلورنځی
Tent	خیمه
Theater	تیاتر
Tower	برج
University	پوهنتون

Business
يرګادوس

Boss	ساب
Budget	وجدیه
Company	تکرش
Cost	تښګل
Currency	وراعسا
Discount	فیفخت
Economics	اقتصاد
Employee	دنمراک
Factory	فابریکه
Income	عاید
Investment	پانګه اچونه
Manager	ریدم
Merchandise	توکي
Money	پیسې
Office	رتفد
Profit	ګټه
Sale	والخرخ
Shop	دوکان
Taxes	مالیه
Transaction	ملماعه

Camping
کیمپینګ

Adventure	ترج
Animals	حیوانات
Cabin	اطاق
Canoe	کښتۍ
Compass	ساپمک
Fire	اور
Forest	ځنګل
Fun	تفریح
Hammock	ټک
Hat	ولري
Hunting	ښکار
Insect	حشرات
Lake	کیل
Map	نقشه
Moon	سپوږمۍ
Mountain	رغ
Nature	تعیبط
Rope	رسۍ
Tent	خیمه
Trees	ونې

Chemistry
کیمیا

Acid	تیزاب
Alkaline	الکلین
Carbon	کاربن
Catalyst	کتلست
Chlorine	کلورین
Electron	الیکترون
Elements	عناصر
Enzyme	انزایم
Gas	ګاز
Hydrogen	هایدروجن
Ion	یون
Liquid	مایع
Metals	فلزات
Molecule	مالیکول
Nuclear	اټومي
Organic	عضوي
Oxygen	اکسیجن
Salt	مالګه
Temperature	تودوخه
Weight	وزن

Chess
شطرنج

Black	تور
Challenges	ننګونې
Champion	اتل
Clever	هوښیار
Diagonal	مثلث
Game	لوبه
King	پاچا
Opponent	مخالف
Passive	غیر فعال
Player	لوبغاړی
Points	ټکي
Queen	کوین
Rules	اصول
Sacrifice	قرباني
Strategy	ستراتیژي
Time	وخت
Tournament	سیالۍ
White	سپین

Chocolate
چاکلیټ

Antioxidant	انټي اکسیډنټ
Aroma	بوی
Bitter	ترخه
Cacao	کاکو
Calories	کالوري
Caramel	کارمل
Coconut	کوپره
Delicious	خوندور
Exotic	بهرني
Ingredient	اجزا
Peanuts	مومپلی
Powder	پودر
Quality	کیفیت
Recipe	نسخه
Sugar	شکر
Sweet	خوږ
Taste	خوند
To Eat	خوړل

Circus
سرکس

Acrobat	اکربات
Animals	حیوانات
Balloons	بالون
Clown	مسخره
Costume	لباس
Elephant	فیل
Entertain	تفریح
Juggler	جګلر
Lion	شیر
Magic	جادو
Magician	جادوګر
Monkey	بیزو
Music	موسیقي
Parade	پریډ
Tent	خیمه
Ticket	ټکټ
Tiger	پړانګ

Climbing
لتخ

Altitude	یلاوڕول
Atmosphere	ریفسومتا
Boots	ناپوب
Cave	راغ
Challenges	ۑنوگنن
Curiosity	سسجت
Expert	هوپراک
Gloves	ۑشکتسد
Guides	هنودوبشرال
Helmet	پملیه
Injury	پپ
Map	هشقن
Narrow	گنت
Physical	يکیزف
Stability	تابث
Strength	توق
Training	هنزور

Clothes
ۑماج

Apron	نرپآ
Belt	دنبرمک
Blouse	زولب
Bracelet	یڕگنب
Coat	پوک
Dress	ۑماج
Fashion	نشیف
Gloves	ۑشکتسد
Hat	لري
Jacket	پکاج
Jeans	سنیج
Pajamas	ساماجاپ
Pants	نولتپ
Sandals	لڈنیس
Scarf	فراکس
Shirt	پرش
Shoe	پوب
Skirt	نمل
Socks	ۑبارج
Sweater	رپیوس

Coffee
يفاک

Aroma	یوب
Beverage	کابشخ
Bitter	هخرت
Black	روت
Caffeine	نیفاک
Cream	میرک
Cup	پک
Filter	رپلف
Flavor	دنوخ
Grind	ڕنارگ
Liquid	عیام
Milk	ۑديش
Morning	راهس
Origin	لصا
Price	خرن
Sugar	رکش
Variety	مسق
Water	هبوا

Colors
هنوگنر

Azure	رويز
Black	روت
Blue	آبي
Brown	نصواري
Crimson	يمرک
Cyan	نایس
Fuchsia	ايسچوف
Green	نیش
Grey	ڕخ
Indigo	وگیڕنا
Orange	يجنران
Pink	يبالگ
Purple	يناوغرا
Red	روس
Sepia	ایپیس
Violet	پلیاو
White	نیپس
Yellow	ڕیژ

Countries #1
هنوداویه #1

Brazil	لیزارب
Canada	اڕاناک
Egypt	رصم
Finland	ڕنلنف
Germany	ينمرج
Iraq	قارع
Israel	لییارسا
Italy	ایلاپیا
Latvia	ينوتل
Libya	ایبیل
Morocco	شکارم
Nicaragua	اوگاراکین
Norway	یوران
Panama	اماناپ
Poland	ڕنلوپ
Romania	ایناموڕ
Senegal	لاگنس
Spain	هیناپسه
Venezuela	الیوزنیو
Vietnam	مانتیو

Countries #2
هنوداویه #2

Albania	ایناباﻻ
Denmark	کرامنڕ
Ethiopia	ایپوتیا
Greece	نانوی
Haiti	يپیاه
Jamaica	اکیمج
Japan	ناپاج
Laos	سوال
Lebanon	نانبل
Liberia	ایربیل
Mexico	وکیسکم
Nepal	لاپین
Nigeria	ایریجیان
Pakistan	ناتسکاپ
Russia	هیسوڕ
Somalia	ایلاموس
Sudan	ناڕوس
Syria	هیروس
Uganda	اڕنگوی
Ukraine	نیارکوا

Dance
نڅا

Academy	اکاډمي
Art	هنر
Body	بدن
Choreography	کوریوګرافي
Classical	کلاسیک
Cultural	کلتوري
Culture	کلتور
Emotion	احساس
Expressive	څرګند
Grace	فضل
Joyful	خوشحاله
Movement	حرکت
Music	سندره
Partner	ملګری
Rehearsal	تمرین
Rhythm	تال
Traditional	دودیز
Visual	لید

Days and Months
ورځې او میاشتې

April	اپریل
August	اګست
Calendar	کلیز
February	فبروري
Friday	جمعه
January	جنوری
July	جولای
March	مارچ
Monday	دوشنبه
Month	میاشت
November	نومبر
October	اکتوبر
Saturday	شنبه
September	سپتمبر
Sunday	اتوار
Thursday	پنجشنبه
Tuesday	سه شنبه
Wednesday	چارشنبه
Week	اونۍ
Year	کال

Diplomacy
ډيپلوماسي

Adviser	مشاور
Ambassador	سفیر
Citizens	ښاریان
Civic	سوک
Community	ټولنه
Conflict	شخړه
Cooperation	همکاري
Diplomatic	ډیپلوماتیک
Discussion	بحث
Embassy	سفارت
Ethics	اخلاق
Government	حکومت
Humanitarian	بشردوستانه
Integrity	بشپړتیا
Justice	عدالت
Languages	ژبې
Politics	سیاست
Security	امنیت
Solution	حل
Treaty	تړون

Driving
موټر چلول

Accident	پیښه
Brakes	بریکونه
Bus	بس
Danger	خطر
Fuel	تیل
Garage	ګراج
Gas	ګاز
License	جواز
Map	نقشه
Motor	موټر
Motorcycle	موټرسایکل
Pedestrian	پیاده
Police	پولیس
Road	سړک
Safety	خوندیتوب
Speed	سرعت
Traffic	ترافیک
Transportation	ټرانسپورټ
Truck	ټرک
Tunnel	تونل

Ecology
ایکولوژی

Climate	اقلیم
Communities	ټولنې
Diversity	تنوع
Drought	وچکالي
Fauna	ژوی
Flora	فلورا
Marine	مارین
Marsh	مارش
Mountains	غرونه
Natural	طبیعي
Nature	طبیعت
Resources	سرچینې
Species	ډول
Survival	بقا
Sustainable	دوامداره
Variety	قسم
Vegetation	نباتات
Volunteers	رضاکاران

Electricity
برښنا

Battery	بیټری
Bulb	بلب
Cable	کیبل
Electrician	برقی
Generator	جانیټر
Lamp	څراغ
Laser	لیزر
Magnet	مقناطیس
Negative	منفي
Network	شبکه
Positive	مثبت
Quantity	مقدار
Socket	ساکټ
Storage	ذخیره
Telephone	ټیلیفون
Television	تلویزیون
Wires	تارونه

Emotions
تاساسحا

Anger	هسوغ
Bliss	لولاشوخ
Boredom	هروب
Calm	مارا
Content	هکناپخنم
Embarrassed	هدنمرش
Fear	هریو
Grateful	هننم
Kindness	ینابرهم
Love	هنیم
Peace	هلوس
Relaxed	مارآ
Relief	راحت
Sadness	ناگپخ
Satisfied	یضار
Surprise	ایتناریح
Sympathy	یږوخاوخ
Tenderness	هدنت
Tranquility	یمارا

Energy
يژرنا

Battery	یرټیب
Carbon	نبراک
Diesel	لزیډ
Electric	یقرب
Electron	نانشیرب
Engine	نجنا
Entropy	نظم
Environment	لایریپاچ
Fuel	لیت
Gasoline	لورطپ
Heat	هخودوت
Hydrogen	نجوردیاه
Industry	تعنص
Motor	رټوم
Nuclear	يموټا
Photon	نوټوف
Pollution	ایتړکک
Renewable	دیدجت
Turbine	نیبروت
Wind	داب

Engineering
یرینجنا

Angle	هیواز
Axis	روحم
Calculation	هبساحم
Construction	لوړوج
Depth	هروژ
Diagram	مارګیاډ
Diameter	رطق
Diesel	لزیډ
Energy	یژرنا
Engine	نجنا
Gears	ریګ
Levers	رویل
Liquid	عیام
Machine	نیشام
Measurement	لوک هزادنا
Motor	رټوم
Propulsion	هوق
Stability	تابث
Strength	توق
Structure	تښړوج

Ethics
يقلاخا

Altruism	لودیدجوت
Compassion	تقفش
Cooperation	يرکامه
Dignity	تزع
Diplomatic	کیتاملوپیډ
Honesty	تقادص
Humanity	تیناسنا
Individualism	تیدارفنا
Integrity	ایتړپشب
Kindness	ینابرهم
Optimism	ينیبشوخ
Patience	مغز
Philosophy	هفسلف
Rationality	تیلوقعم
Realism	تیعقاو
Reasonable	لوقعم
Values	هنوتښزرا
Wisdom	تمکح

Family
کورنی

Ancestor	هنوکین
Aunt	یچاچ
Brother	رورو
Child	موشام
Childhood	بوتموشام
Children	ناموشام
Daughter	رول
Father	رالپ
Grandfather	هکین
Grandmother	این
Grandson	یسمل
Husband	دنواخ
Maternal	ینروم
Mother	روم
Nephew	هرارو
Niece	هروخ
Paternal	ینرالپ
Sister	روخ
Uncle	هرت
Wife	هځښ

Farm #1
فارم #1

Agriculture	هنرک
Bee	یا یب
Bison	نسیاب
Calf	یکسوخ
Cat	یشیپ
Chicken	هګرچ
Cow	اوغ
Crow	غاوغ
Dog	یپس
Donkey	رخ
Fence	لن
Fertilizer	ېرس
Field	رګډ
Goat	هزو
Hay	هتش
Honey	تاش
Horse	سآ
Rice	يجیرو
Seeds	هنومخت
Water	هبوا

Farm #2
مراف #2

Animals	حیوانات
Barley	ەبوا
Barn	بارن
Corn	جوار
Duck	ەیلی
Farmer	بزگر
Food	خوراە
Fruit	مەوی
Lamb	وری
Llama	لاما
Meadow	ویدم
Milk	شيدې
Orchard	باغ
Sheep	پسە
Tractor	ټراکتور
Wheat	غنم
Windmill	بادمیل

Fashion
فیشن

Boutique	بوټیک
Buttons	تڼی
Clothing	جامې
Elegant	ښکلی
Embroidery	ګنډل
Expensive	ګران
Fabric	پارچە
Lace	لیس
Minimalist	کم تر کمە
Modern	عصري
Modest	حیا
Original	اصلي
Pattern	نمو
Practical	عملي
Simple	سادە
Style	سټایل
Texture	متن
Trend	رجحان

Fishing
کب نیونې

Bait	بیت
Basket	ټوکرۍ
Beach	ساحل
Boat	بېړۍ
Cook	پخلی
Exaggeration	مبالغە
Fins	وزرې
Gills	ګیلی
Hook	کە
Jaw	ژامې
Lake	کیل
Ocean	سمندر
Patience	صبر
River	سیند
Season	موسم
Water	اوبە
Weight	وزن
Wire	تار

Flowers
ګلونە

Bouquet	ګلدستی
Clover	کلور
Daisy	ډيزي
Dandelion	ډنډیلین
Gardenia	ګاردنیا
Hibiscus	هبیسکوس
Jasmine	یاسمین
Lavender	لوینډر
Lilac	لیلاک
Lily	لیلی
Magnolia	ماګنولیا
Orchid	اوچغە
Peony	چوپر
Petal	پاڼە
Poppy	کوکنار
Rose	ګلاب
Sunflower	لمر ګل
Tulip	ټیولپ

Food #1
خوراە #1

Apricot	مندتە
Barley	ەبوا
Basil	لسیب
Carrot	ګاجر
Cinnamon	دارچینی
Garlic	ووږە
Juice	جوس
Lemon	لیمو
Milk	شيدې
Onion	پیاز
Peanut	ټنپ
Pear	امرت
Salad	سلاد
Salt	مالګە
Soup	سوپ
Spinach	پالک
Strawberry	توت ځمکنی
Sugar	شکر
Tuna	ټونا
Turnip	شلغم

Food #2
خوراە #2

Apple	منە
Artichoke	آرتي چوک
Banana	کیلە
Broccoli	ګوپی
Celery	سلري
Cheese	پنیر
Cherry	چیری
Chicken	چرګە
Chocolate	چاکلیټ
Egg	ەګی
Eggplant	بانجان
Fish	ماهي
Grape	انګور
Ham	هام
Kiwi	کیوی
Mushroom	مشروم
Rice	وريجې
Tomato	رومي
Wheat	غنم
Yogurt	توج

Force and Gravity
ځواک او جذابه

Axis	محور
Center	مرکز
Discovery	کشف
Distance	واټن
Dynamic	متحرک
Expansion	پراختیا
Friction	سولونه
Magnetism	مقناطیس
Mechanics	میخانیک
Orbit	مدار
Physics	فزیک
Planets	سیارې
Pressure	فشار
Properties	ملکیتونه
Speed	سرعت
Time	وخت
Universal	نړیوال
Weight	وزن

Fruit
مېوه

Apple	مڼه
Apricot	مندته
Avocado	ایوکوډو
Banana	کیله
Berry	بیری
Cherry	چیری
Coconut	كو پره
Grape	انګور
Guava	ګووا
Kiwi	کیوی
Lemon	لیمو
Mango	آم
Melon	خټکی
Nectarine	نڅا
Orange	نارنجي
Papaya	پپایا
Peach	شفتالو
Pear	امرت
Pineapple	انانس
Raspberry	راسبیري

Garden
بڼ

Bench	بنچ
Bush	بوش
Fence	نل
Flower	ګل
Garage	ګراچ
Garden	باغ
Grass	واښه
Hammock	کټ
Hose	نلی
Lawn	چمن
Pond	ډنډ
Porch	پورچ
Rake	راک
Soil	خاوره
Terrace	چت
Trampoline	ټرامپولین
Tree	ونه
Vine	يځار

Gardening
بڼوالی

Blossom	ګلونه
Botanical	بوټانيک
Bouquet	ګلدستی
Climate	اقلیم
Compost	کمپوسټ
Container	کانټینر
Dirt	چټلي
Exotic	بهرڼي
Floral	ګل
Foliage	پاڼې
Hose	نلی
Leaf	پاڼه
Moisture	رطوبت
Orchard	باغ
Seasonal	موسمي
Seeds	تخمونه
Soil	خاوره
Species	ډول
Water	اوبه

Geography
جغرافيه

Altitude	لوړوالی
Atlas	اطلس
City	ښار
Continent	قارې
Country	هیواد
Equator	استوا
Hemisphere	هیمیسفیر
Island	ټاپو
Latitude	عرض البلد
Map	نقشه
Meridian	مریډیان
Mountain	غر
North	شمال
Ocean	سمندر
River	سيند
Sea	بحر
South	جنوب
Territory	سیمه
West	لویدیځ
World	نړی

Geology
جیولوجی

Acid	تیزاب
Calcium	کلسیم
Cavern	غار
Continent	قارې
Coral	مرجان
Crystals	کرسټال
Cycles	سایکلونه
Earthquake	زلزله
Erosion	تخریب
Fossil	فوسیل
Geyser	ګیزر
Lava	لاوا
Layer	پرت
Minerals	منرال
Plateau	پتنوس
Quartz	کوارټز
Salt	مالګه
Stalactite	سټالټ
Stone	ډبره
Volcano	وینډول

Geometry
هندسي

Angle	زاویه
Calculation	محاسبه
Circle	دایره
Curve	وکر
Diameter	قطر
Dimension	بعد
Equation	مساوات
Height	لوړوالی
Horizontal	افقي
Logic	منطق
Mass	ډله
Median	میډیا
Number	نمبر
Parallel	موازي
Proportion	تناسب
Segment	برخه
Surface	سطح
Symmetry	سیمالټ
Theory	تیوری
Triangle	مثلث

Government
حکومت

Citizenship	تابعیت
Civil	سول
Constitution	اساسي قانون
Democracy	ډیموکراسي
Discussion	بحث
District	ولسوالی
Equality	یووالی
Independence	خپلواکي
Judicial	قضایی
Justice	عدالت
Law	قانون
Leader	مشر
Liberty	آزادی
Monument	خلی
Nation	ملت
Peaceful	سوله ایز
Politics	سیاست
Speech	وینا
State	دولت
Symbol	سمبول

Health and Wellness #1
روغتیا او هوساینه #1

Active	فعال
Bacteria	باکتریا
Bones	هډوکي
Clinic	کلینیک
Doctor	ډاکټر
Habit	عادت
Height	لوړوالی
Hormones	هورمونونه
Hunger	لوږه
Injury	ټپ
Medical	طبي
Medicine	درمل
Muscles	عضلات
Nerves	اعصاب
Pharmacy	درملتون
Reflex	انعکاس
Skin	پوستکی
Treatment	درملنه
Virus	ویروس

Health and Wellness #2
روغتیا او هوساینه #2

Allergy	الرجی
Anatomy	اناتومي
Appetite	اشتها
Blood	وینه
Calorie	کالوري
Dehydration	ډیهایډریشن
Diet	خواړه
Disease	ناروغی
Energy	انرژی
Genetics	جینیټ
Healthy	روغ
Hospital	روغتون
Hygiene	حفظ الصحه
Infection	ناروغي
Massage	مالش
Nutrition	تغذیه
Recovery	رغول
Stress	فشار
Vitamin	ویټامین
Weight	وزن

Herbalism
هربليزم

Aromatic	اروماتیک
Basil	بیسل
Beneficial	ګټور
Culinary	پخلی
Fennel	سونف
Flavor	خوند
Flower	ګل
Garden	باغ
Garlic	ووږه
Green	شین
Ingredient	اجزا
Lavender	لیوینډر
Marjoram	مارجورام
Mint	ویلنی
Oregano	طبعی
Parsley	پارسلي
Plant	بوټی
Rosemary	ګلاب
Saffron	زعفران
Tarragon	تارګون

Hiking
شبوييدل

Animals	حیوانات
Boots	بوټان
Cliff	ټوټه
Climate	اقلیم
Guides	لارښودونه
Hazards	خطرونه
Heavy	درند
Map	نقشه
Mountain	غر
Nature	طبیعت
Parks	پارکونه
Preparation	چمتووالی
Summit	غونډه
Sun	لمر
Tired	ستړی
Water	اوبه
Weather	هوا
Wild	وحشي

House

روک

Basement	پیسمینټ
Bedroom	د خوب خونه
Broom	جارو
Curtains	پردې
Door	دروازه
Fence	لن
Fireplace	اوره
Floor	پوړ
Furniture	فرنیچر
Garage	گاراج
Garden	باغ
Kitchen	پخلنځی
Lamp	څراغ
Library	کتابتون
Mirror	عکس
Roof	چت
Room	کوټه
Shower	شاور
Wall	دیوال
Window	کړکی

Human Body

د انسان بدن

Blood	وینه
Bones	هډوکي
Brain	مغز
Chin	زنې
Ear	غوږ
Elbow	ځلی
Face	مخ
Finger	گوته
Hand	لاس
Head	سر
Heart	زړ
Jaw	ژامې
Knee	زنگون
Leg	پښه
Lips	شونډې
Mouth	خوله
Neck	غاړه
Nose	پوزه
Shoulder	اوږه
Skin	پوستکی

Insects

حشرات

Ant	انت
Aphid	افیډ
Bee	بی ای
Beetle	بیټل
Butterfly	پتنگ
Cicada	سکادا
Cockroach	کاکروچ
Dragonfly	ډریگک
Flea	پسه
Grasshopper	گراسشاپر
Hornet	هورنټ
Ladybug	لیډیبگ
Larva	لاروا
Mantis	مینټیس
Mosquito	پشې
Moth	بورا
Termite	ترمیت
Wasp	غمبسه
Worm	ورم

Jazz

جاز

Album	البم
Artist	هنرمند
Composer	کمپوزر
Composition	جوړښت
Concert	کنسرت
Drums	ډرم
Emphasis	ټینکار
Famous	مشهور
Favorites	د خوښې
Genre	ژانر
Improvisation	پرمختیا
New	نوی
Old	زوړ
Orchestra	آرکسټر
Rhythm	تال
Solo	سولو
Song	سندره
Style	سټایل
Talent	استعداد
Technique	تخنیک

Landscapes

منظرې

Beach	ساحل
Cave	غار
Desert	صحرا
Geyser	کیزر
Glacier	گلیشیر
Hill	لیه
Iceberg	آیسبرگ
Island	ټاپو
Lake	کیل
Mountain	غر
Oasis	واپس
Ocean	سمندر
Peninsula	ټاپووزمه
River	سیند
Sea	بحر
Swamp	سواومپ
Tundra	تونډرا
Valley	دره
Volcano	لوډینو
Waterfall	آبشار

Literature

ادب

Analogy	انالوژی
Analysis	شننه
Anecdote	طنز
Author	لیکوال
Comparison	پرتله کول
Conclusion	پایله
Critique	انتقاد
Description	تفصیل
Dialogue	خبرې
Fiction	فکر
Metaphor	استعاره
Novel	ناول
Opinion	نظر
Poem	شعر
Poetic	شاعرانه
Rhyme	قافیه
Rhythm	تال
Style	سټایل
Theme	موضوع
Tragedy	غمیزه

Mammals
ونارواڼځ د

Bear	غریب
Beaver	رویب
Bull	لوغ
Cat	شیپ
Coyote	ټوياک
Dog	یپس
Dolphin	نيفډ
Elephant	لیف
Fox	سکاف
Giraffe	هفارز
Gorilla	الیروګ
Horse	سآ
Kangaroo	وراګناک
Lion	ریش
Monkey	وزیب
Rabbit	یوس
Sheep	هسپ
Whale	لاو
Wolf	هویل
Zebra	اربیز

Math
یضایر

Arithmetic	يباسح
Circumference	هقلح
Decimal	زيسل
Diameter	رطق
Equation	تاواسم
Exponent	هښكخم
Fraction	رسک
Geometry	یرټیمویج
Numbers	ېرېمش
Parallel	يزاوم
Perimeter	رټیمیارپ
Polygon	نوګیلوپ
Radius	ېګناړو
Rectangle	لیطتسم
Square	عبرم
Sum	لوټ
Symmetry	ټلامیس
Triangle	ثلثم
Volume	مجح

Measurements
هزادنا

Byte	ټیاب
Centimeter	رټنس
Decimal	زيسل
Degree	دنس
Depth	هروژ
Gram	مارګ
Height	یلاوړول
Inch	چنا
Kilogram	مارګولیک
Kilometer	رټیمولک
Length	یلاودږوا
Liter	رټیل
Mass	هلډ
Meter	رټیم
Minute	هقیقد
Ounce	سنوا
Ton	نټ
Volume	مجح
Weight	نزو
Width	یلاونلپ

Meditation
هبقارم

Acceptance	لنم
Attention	هنرلماپ
Breathing	سفنت
Calm	مارا
Clarity	تحاضو
Compassion	تقفش
Emotions	تاساسحا
Gratitude	هننم
Habits	هنوتداع
Insight	تریصب
Kindness	ینابرهم
Mental	يnهذ
Mind	نهذ
Movement	تکرح
Music	هردنس
Nature	تعیبط
Peace	هلوس
Perspective	دیل
Silence	توکس
Thoughts	راکفا

Music
یقيسوم

Album	مبلا
Ballad	ډلاب
Chorus	سرک
Classical	کیسالک
Eclectic	يباختنا
Harmonic	کینومراه
Harmony	يږغمه
Instrument	هلیسو
Melody	ادنخ
Microphone	نوفورکیام
Musician	يقیسوم
Opera	ارپوا
Poetic	هنارعاش
Recording	لوتبث
Rhythm	لات
Rhythmic	يشلات
Sing	ګنس
Singer	یړاغردنس
Vocal	ږغ

Musical Instruments
تالآ یقيسوم د

Banjo	وجناب
Bassoon	نوسیب
Cello	ویلیس
Clarinet	تنیارالک
Drum	لوډ
Flute	یلیپش
Gong	ګنوګ
Guitar	راتیګ
Harmonica	اکینومراه
Harp	پراه
Mandolin	نیلوډنم
Marimba	ابمرام
Percussion	کرپ
Piano	ونایپ
Saxophone	یلېپش
Tambourine	نروبماټ
Trombone	نوبمورټ
Trumpet	پمرټ
Violin	نلیاو

Mythology
افسانې

Archetype	لرغونی ډول
Behavior	چلند
Beliefs	باورونه
Creature	مخلوق
Culture	کلتور
Deities	خدایان
Disaster	ناورین
Heaven	جنت
Hero	اتل
Immortality	غیرت
Jealousy	حسد
Labyrinth	لیبرینت
Legend	افسانه
Lightning	اړن
Monster	الوه
Mortal	مرینه
Revenge	انتقام
Strength	قوت
Thunder	تندر
Warrior	لغری

Numbers
شمېرې

Decimal	لسیز
Eight	اته
Eighteen	اتلس
Fifteen	پنځلس
Five	پنځه
Four	څلور
Fourteen	څوارلس
Nine	نهه
Nineteen	نولس
One	یو
Seven	اووه
Seventeen	اوولس
Six	شپږ
Sixteen	شپاړس
Ten	لس
Thirteen	دیارلس
Three	درې
Twelve	دولس
Twenty	شل
Two	دوه

Nutrition
تغذیې

Appetite	اشتها
Balanced	متوازن
Bitter	ترخه
Calories	کالوري
Carbohydrates	کاربوهایډریټ
Diet	خواړه
Digestion	هضم
Fermentation	تخمر
Flavor	خوند
Habits	عادتونه
Health	روغتیا
Healthy	روغ
Liquids	مایعات
Proteins	پروټین
Quality	کیفیت
Sauce	ساس
Spices	مصالحې
Toxin	زهر
Vitamin	ویټامین
Weight	وزن

Ocean
بحر

Algae	الجي
Coral	مرجان
Crab	چنګاښ
Dolphin	ډلفین
Eel	اییل
Fish	ماهي
Jellyfish	جیلیفش
Octopus	اکتوپس
Oyster	اویسټر
Reef	ریف
Salt	مالګه
Seaweed	سیندوی
Shark	شارک
Shrimp	پمیم
Sponge	سپنج
Storm	طوفان
Tides	تغیر
Tuna	ټونا
Turtle	کچلي
Whale	وال

Philanthropy
فلسفې

Challenges	ننګونې
Charity	خیرات
Children	ماشومان
Community	ټولنه
Contacts	تماسونه
Donate	مرسته
Finance	مالیه
Generosity	سخاوت
Goals	اهداف
Groups	ډلې
History	تاریخ
Honesty	صداقت
Humanity	انسانیت
Mission	ماموریت
Need	اړتیا
People	خلک
Programs	پروګرامونه
Public	عامه
Youth	ځوان

Physics
فزیک

Acceleration	سرعت
Atom	اټوم
Chaos	ګډوډي
Chemical	کیمیکل
Density	کثافت
Electron	بریښنا
Engine	انجن
Expansion	پراختیا
Experiment	تجربه
Formula	فورمول
Frequency	فریکونسی
Gas	ګاز
Magnetism	مقناطیس
Mass	ډله
Mechanics	میخانیک
Molecule	مالیکول
Nuclear	اټومي
Particle	برخه
Relativity	تړاو
Universal	نړیوال

Plants
تاتابن

Bamboo	سناب
Bean	ایبول
Berry	بیری
Botany	بوټان
Bush	شوب
Cactus	سټکیک
Fertilizer	سرې
Flora	اروليف
Flower	لګ
Foliage	پاڼې
Forest	لګنخ
Garden	غاب
Grass	هشاو
Ivy	آی وی ای
Moss	جوس
Petal	پهبن
Root	رېشه
Stem	ډډ
Tree	ونه
Vegetation	تاتابن

Politics
تسايس

Activist	لاعف
Campaign	نیاپمک
Candidate	دیدناک
Choice	باختنتا
Committee	هټیمک
Council	شورا
Equality	یووالی
Ethics	اخلاق
Freedom	يدازا
Government	تموکح
National	يلم
Opinion	رظن
Policy	يسيلاپ
Politician	لاوتسایس
Popularity	شهرت
Strategy	يژتيتارتس
Taxes	هیلام
Victory	بری

Professions #1
پروفیسونه #1

Ambassador	سفیر
Astronomer	هوپروتس
Attorney	لاونراخ
Banker	بانکر
Cartographer	رفارګوتراک
Coach	کوچ
Dancer	رکاڅن
Doctor	رټکاډ
Editor	رګنومس
Geologist	تسجولويج
Hunter	شکار
Jeweler	زویر
Lawyer	لیکو
Musician	يقيسوم
Nurse	نرس
Pianist	پیانو غږونکی
Plumber	پلمبر
Psychologist	اروپوه
Tailor	خیاط
Veterinarian	وترنری

Professions #2
پروفیسونه #2

Astronaut	لاخاز
Biologist	تسيژولويب
Chemist	کیمیا
Detective	کشفي
Engineer	انجینر
Farmer	بزګر
Gardener	لاوڼب
Inventor	عرتخم
Journalist	لایربخ
Librarian	کتابچي
Linguist	ژبپوه
Painter	رګروځنا
Philosopher	فیلسوف
Photographer	عکاس
Physician	جلاعم
Pilot	پیلوټ
Researcher	څیړونکی
Surgeon	جراح
Teacher	ښوونکی
Zoologist	ژوپوه

Restaurant #1
رستورانت #1

Allergy	اچرلا
Bowl	هساک
Bread	ډوډی
Chicken	چرګه
Coffee	يفاک
Dessert	هباشون
Food	خواړه
Kitchen	پخلنځی
Knife	چاقو
Meat	غوښه
Menu	مینو
Napkin	نپکین
Plate	پلیټ
Reservation	ساتنه
Sauce	ساس
Spicy	کیپس
To Eat	خوړل
Waitress	سيرټیو

Restaurant #2
رستورانت #2

Beverage	کاشڅ
Cake	کیک
Chair	کرسی
Delicious	خوندور
Dinner	ډوډی
Eggs	هګی
Fish	يهام
Fork	فورک
Fruit	هویم
Ice	يخ
Noodles	نوډلز
Salad	سلاد
Salt	هکلام
Soup	سوپ
Spices	ېحلاصم
Spoon	چمچ
Vegetables	هباس
Waiter	رظتنم
Water	اوبه

Science
ساینس

Atom	اټوم
Chemical	کیمیکل
Climate	اقلیم
Data	ډاټا
Evolution	تکامل
Experiment	تجربه
Fact	حقیقت
Fossil	فوسیل
Hypothesis	فرضیه
Laboratory	لابراتوار
Method	میتود
Minerals	منرال
Molecules	مالیکولونه
Nature	طبیعت
Particles	ذرات
Physics	فزیک
Plants	نباتات
Scientist	ساینس پوه

Science Fiction
ساینسي افسانه

Atomic	اټومي
Books	کتابونه
Cinema	سینما
Clones	کلون
Dystopia	ډیسټوپیا
Explosion	چاودنه
Fire	اور
Futuristic	بې وزله
Galaxy	ګلکسي
Illusion	برم
Imaginary	خیالی
Mysterious	جادوګر
Novels	ناولونه
Oracle	اوراکل
Planet	سیاره
Robots	روبوټ
Technology	ټیکنالوژي
Utopia	اوپیا
World	نړۍ

Scientific Disciplines
علمي ډيسپلونه

Anatomy	اناټومي
Archaeology	لرغونپوهنه
Astronomy	ستورپوهنه
Biochemistry	بیکیمیا
Biology	بیولوژي
Botany	بوټان
Chemistry	کیمیا
Ecology	ایکولوژي
Geology	جیولوجی
Immunology	امونولوژي
Kinesiology	کینسیولوژی
Linguistics	ژبپوهنه
Mechanics	میخانیک
Mineralogy	معدنیات
Neurology	نیورولوژي
Physiology	فزیولوژی
Psychology	ارواپوهنه
Sociology	ټولنپوهنه
Thermodynamics	ترموډینامیک
Zoology	ژوپوهنه

Shapes
شکلونه

Arc	آرک
Circle	دایره
Cone	شنک
Corner	کونج
Cube	کیوب
Curve	وکر
Cylinder	سلنډر
Edges	غاړې
Ellipse	بیضوی
Hyperbola	هایپربولا
Line	لاین
Oval	اوول
Polygon	پولیګون
Prism	منشور
Pyramid	هرم
Rectangle	مستطیل
Side	اړخ
Square	مربع
Triangle	مثلث

Spices
مصالحې

Anise	انیس
Bitter	ترخه
Cardamom	لاچي
Cinnamon	دارچینی
Clove	لونګ
Cumin	ژیره
Curry	کري
Fennel	سونف
Flavor	خوند
Garlic	ووږه
Ginger	ادرک
Licorice	لایوریس
Nutmeg	مساله
Onion	پیاز
Paprika	پاپریکا
Pepper	تور مرچ
Saffron	زعفران
Salt	مالګه
Sweet	خوږ
Vanilla	ونیلا

The Company
کمپنۍ

Business	سوداګری
Creative	نوښتګر
Decision	پریکړه
Employment	کار
Industry	صنعت
Investment	پانګه اچونه
Possibility	امکان
Presentation	پریزنټشن
Product	محصول
Professional	مسلکي
Progress	پرمختګ
Quality	کیفیت
Reputation	شهرت
Resources	سرچینې
Revenue	عاید
Risks	خطرونه
Trends	رجحانات
Units	واحدونه

The Media
رسنۍ

Advertisements	اعلانونه
Attitudes	چلند
Commercial	سوداګریز
Communication	ارتباط
Digital	ډیجیټل
Edition	چاپ
Education	زده کړه
Facts	حقایق
Funding	تمویل
Individual	فرد
Industry	صنعت
Intellectual	فکري
Local	ځایي
Magazines	مجلې
Network	شبکه
Newspapers	اخبارونه
Online	آنلاین
Opinion	نظر
Public	عامه
Radio	راډیو

Time
وخت

After	وروسته
Annual	کلنی
Before	مخکې
Calendar	کلیز
Century	پیړۍ
Day	ورځ
Decade	لسیزه
Future	راتلونکی
Hour	ساعت
Minute	دقیقه
Month	میاشت
Morning	سهار
Night	شپه
Noon	غرمه
Now	اوس
Soon	ژر
Today	نن
Week	اونۍ
Year	کال
Yesterday	پرون

Town
ښارګوټی

Airport	هوايي ډګر
Bakery	بیکري
Bank	بانک
Bookstore	کتاب پلورنځی
Cinema	سینما
Clinic	کلینیک
Florist	ګلدان
Gallery	ګالري
Hotel	هوټل
Library	کتابتون
Market	بازار
Museum	میوزیم
Pharmacy	درملتون
School	ښوونځی
Stadium	سټېډیم
Store	سټور
Supermarket	لوی پلورنځی
Theater	تیاتر
University	پوهنتون
Zoo	ژوبڼ

Universe
کائنات

Asteroid	ستورئیزې
Astronomer	ستورپوه
Astronomy	ستورپوهنه
Atmosphere	اتموسفیر
Celestial	آسماني
Cosmic	کازمیک
Darkness	تیاره
Eon	ایون
Equator	استوا
Galaxy	ګلکسي
Hemisphere	هیمیسفیر
Horizon	افق
Latitude	عرض البلد
Moon	سپوږمۍ
Orbit	مدار
Sky	اسمان
Solstice	قطبي موسمونه
Telescope	دوربین
Visible	څرګندیدل
Zodiac	زدکاسک

Vacation #2
رخصتی #2

Airport	هوايي ډګر
Beach	ساحل
Destination	منزل
Holiday	رخصتي
Hotel	هوټل
Island	ټاپو
Journey	سفر
Leisure	فرصت
Map	نقشه
Mountains	غرونه
Passport	پاسپورټ
Photos	عکسونه
Restaurant	رستورانت
Sea	بحر
Taxi	ټکسي
Tent	خیمه
Transportation	ټرانسپورټ
Visa	ویزه

Vegetables
سبزیجات

Artichoke	کوټ ورنه
Broccoli	ګوبي
Carrot	ګاجر
Celery	سلري
Cucumber	بادرنګ
Eggplant	بادنجان
Garlic	هووږه
Ginger	ادرک
Mushroom	مشروم
Olive	زیتون
Onion	پیاز
Parsley	پارسلي
Pea	فاصلیه
Pumpkin	کدو
Radish	سرخ مولي
Salad	سلاد
Shallot	شنه پیاز
Spinach	پالک
Tomato	رومي
Turnip	شالید

Vehicles
موټرونه

Airplane	الوتکه
Ambulance	امبولانس
Bicycle	بايسکل
Boat	بېړۍ
Bus	بس
Caravan	کاروان
Engine	انجن
Ferry	فیری
Helicopter	چورلکه
Motor	موټر
Raft	لامبو وهونکی
Rocket	راکټ
Scooter	سکوټر
Shuttle	شټل
Submarine	سب میرین
Taxi	ټکسي
Tires	ټایرونه
Tractor	ټراکټور
Truck	ټرک
Van	وین

Visual Arts
د لیکلو هنرونه

Architecture	جوړښت
Artist	هنرمند
Ceramics	سیرامیک
Chalk	چاک
Clay	خټه
Creativity	خلاقیت
Easel	کاراکاه
Film	فلم
Masterpiece	شاهکار
Painting	نقاشي
Pen	قلم
Pencil	پنسل
Perspective	دید
Photograph	عکس
Portrait	انځور
Sculpture	مجسمه
Stencil	قالب
Varnish	وارنش
Wax	موم

Water
اوبه

Canal	کانال
Damp	نم
Evaporation	تبخیر
Flood	سیلاب
Frost	یخ
Geyser	ګیزر
Humidity	رطوبت
Hurricane	طوفان
Ice	يخ
Irrigation	اوبه کول
Lake	لیک
Monsoon	مونسون
Ocean	سمندر
Rain	باران
River	سیند
Shower	شاور
Snow	واوره
Steam	سټیم
Waves	څپې

Weather
د هوا

Atmosphere	اتموسفیر
Calm	آرام
Climate	هوا
Cloud	بادل
Drought	وچکالي
Dry	وچ
Flood	سیلاب
Fog	لړه
Ice	يخ
Lightning	انړ
Monsoon	مونسون
Polar	قطبي
Rainbow	رینبو
Sky	اسمان
Storm	طوفان
Temperature	تودوخه
Thunder	تندر
Tornado	تورنادو
Tropical	توپان
Wind	باد

Congratulations

You made it!

We hope you enjoyed this book as much as we enjoyed making it. We do our best to make high quality games.
These puzzles are designed in a clever way for you to learn actively while having fun!

Did you love them?

A Simple Request

Our books exist thanks your reviews. Could you help us by leaving one now?

Here is a short link which will take you to your order review page:

BestBooksActivity.com/Review50

MONSTER CHALLENGE!

Challenge #1

Ready for Your Bonus Game? We use them all the time but they are not so easy to find. Here are **Synonyms**!

Note 5 words you discovered in each of the Puzzles noted below (#21, #36, #76) and try to find 2 synonyms for each word.

*Note 5 Words from **Puzzle 21***

Words	Synonym 1	Synonym 2

*Note 5 Words from **Puzzle 36***

Words	Synonym 1	Synonym 2

*Note 5 Words from **Puzzle 76***

Words	Synonym 1	Synonym 2

Challenge #2

Now that you are warmed-up, note 5 words you discovered in each Puzzle noted below (#9, #17, #25) and try to find 2 antonyms for each word.
How many lines can you do in 20 minutes?

*Note 5 Words from **Puzzle 9***

Words	Antonym 1	Antonym 2

*Note 5 Words from **Puzzle 17***

Words	Antonym 1	Antonym 2

*Note 5 Words from **Puzzle 25***

Words	Antonym 1	Antonym 2

Challenge #3

Wonderful, this monster  challenge is nothing to you!

Ready for the last one? Choose your 10 favorite words discovered in any of the Puzzles and note them below.

1.	6.
2.	7.
3.	8.
4.	9.
5.	10.

Now, using these words and within a maximum of six sentences, your challenge is to compose a text about a person, animal or place that you love!

Tip: You can use the last blank page of this book as a draft!

Your Writing:

Explore a Unique Store Set Up **FOR YOU!**

BestActivityBooks.com/**TheStore**

Designed for Entertainment!

Light Up Your Brain With Unique **Gift Ideas**.

Access **Surprising** And **Essential Supplies!**

CHECK OUT OUR MONTHLY SELECTION NOW!

- Expertly Crafted Products -

NOTEBOOK:

SEE YOU SOON!

Linguas Classics Team

ENJOY FREE GAMES

NOW ON

↓

BESTACTIVITYBOOKS.COM/FREEGAMES

www.ingramcontent.com/pod-product-compliance
Lightning Source LLC
Chambersburg PA
CBHW082153120626
46553CB00010B/2880
* 9 7 9 8 8 9 6 7 0 8 2 3 0 *